天下文化
BELIEVE IN READING

「一生食べていける力」がつく　大前家の子育て

教出孩子的生存力

大前研一給父母的24個教養忠告

大前研一 著　張富玲、駱香雅 譯

目錄

推薦序

人生很長，讓孩子走些冤枉路又何妨

國立中央大學和臺北醫學大學講座教授　**洪蘭**

初接到這本書稿時，心想：唉！又來了，為什麼這些有名的人都覺得自己懂教育呢？他們在各自領域發光發亮，不代表他們在教育上也是能手，畢竟教育是專業啊！

開始看後，發現，咦！這個名人的兩個兒子都中輟，不尋常了。在封閉保守的日本社會裡，父母的面子問題是第一要務，名人家庭的父母是寧死也不能讓孩子中輟的，為什麼作者肯呢？於是就看下去了。

當我看到作者說日本教育是「調教」不是「教育」，因為老師每天跟學生說的只有「不准這樣」、「不准那樣」，我開始點頭，台灣受到日本五十年的統治，台灣的教育完全從日本移植過來，一模一樣，害我們吃了不少苦頭。這個日本父親竟然允許兒子輟學，這本書有點看頭了。看到最後，對作者堅持吃飯關掉電視真是心有戚戚焉，覺得這個麥肯錫公司的顧問或許真懂一些教育。

書中把看電視的壞處講的很清楚。我們曾一再說明用電視做保母對孩子大腦發展的傷害，也呼籲父母不要一邊吃晚飯一邊看電視，不只是血淋淋的電視新聞破壞吃飯的胃口，晚餐時間本應是全家人團聚的時刻，不應該被電視打斷。但是講歸講，做歸做，台灣目前大部分的家庭仍然是看電視配飯。希望這位遠來的和尚會念經，透過他的名望改正台灣這個惡習。

這本書寫的很真實，沒有什麼揚善隱惡，或子為父隱。他的大兒子描述他很怕父親，聽到父親在電話中罵人時，會害怕到發抖。他也說到被他父親修理，因為他對母親說話不禮貌，攻擊她身為美國人，不懂日本文化。日本人很歧視外國人是我們都知道的事，以前聽長輩說他們去日本求學時，都被看作二等公民，因為台灣是殖民地，若是大陸過去的，就更不用說了。但是我沒想到一個人可以看不起自己的母親，這透露出來的是日本文化不為人所知的一面。

作者的太太是美國的音樂家，十九歲嫁到日本，或許她生長的環境使她無法了解日本教育制度的嚴苛，讓孩子覺得父親很忙不在家，母親又是外國人，不能了解他們在求學過程所受到的痛苦，加上他們是混血兒，外表與別人不同，又有著新舊價值觀的衝突，所以在學校常常被欺負。

不過，作者的兩個孩子都很有主見，也很清楚自己想走什麼路，覺得學校所學不符所需，便自願休學，去追尋自己的理想。但大兒子還是會擔心中輟的決定導致父親大發雷霆，於是每天在門口等郵差，生怕他休學的通知單會落在父母手上，令人同情。

本書顯示，父母其實不必擔心孩子眼前的表現，人生很長，只要不走錯路，不染上毒和賭，走些冤枉路又何妨。路只要好好走，都可學到東西，蘋果的賈伯斯當年在瑞德學院（Reed College）輟學去旁聽書法課時，哪會想到他後來會發明蘋果電腦，把這一套字體用到電腦上，成為蘋果的賣點呢？天生我才必有用，父母只要幫孩子找出適合他的地方，後面就交給孩子自己去打拚吧。

「兒孫自有兒孫福，莫替兒孫作馬牛。」顯然是放到日本也行的通的金玉良言。

推薦序

充滿人生智慧的教養觀

知名教育教養作家　陳之華

閱讀著大前研一先生這本書稿，總讓我不時會心一笑。大前先生扮演的是父親的角色，乍看之下，與我這母親的角色不同，但書裡呈現出來的教養核心價值，卻有不少和我相近的想法，如看重家庭的價值、陪伴孩子的成長、夫妻間的小約會、對於未來教育的認知、對自己與孩子處事的態度、擁有均衡的生活觀等等，都是我讀來備感親切、毫不陌生的人生基礎思維。

大前先生看到了孩子們溜直排輪非常開心，竟然也去買了直排輪鞋來學著玩，連護腕和護膝也一併買齊。這樣的親子共享生活樂事，也曾發生在我們家裡，從孩子學溜冰、學直排輪、學滑雪甚至學游泳等各項運動，我都共同參與過。甚至大女兒在學大提琴時，我也跟著一起拉上了一段時日。一直以來，我不曾「逼迫」孩子們去學、去做任何事，而是以一起行動、共同參與學習的方式，來「以身作則」。

當然，最後在種種因素下，孩子大多時候比我學得快，我也很自然地必須「轉向」孩子們請益、討教了。

本書提到了很多基本觀念，比如「父母最重要的任務，是給予孩子『活下去的自信』」，這其實也正是我一直堅信的教養觀。我知道有不少父母會以為培養、給予孩子自信心，將會讓他們喪失競爭力，使孩子們自我感覺良好，而不知長進。但，我卻和大前先生的看法相同：「孩子的競爭力，來自於他們的特色，而父母的責任就是看出孩子真正的特色和長處，也就是去了解、發現孩子與眾不同之處。」

日式教育與制式化的外語學習法，也讓大前先生頗有微詞。一刻也不得喘息的教育學習，無非是糟蹋了孩子的潛能，更犧牲了孩子發現、培養自身特質的機遇。當時代以極為高速的步伐不斷變遷之際，我們的孩子在面對未來所必須具備的敏銳、創新、獨立思考等能力，絕對與過往大不相同。身為父母的我們，確實必須體認到時代與環境的需求，領悟到必須尊重孩子是獨立的生命與個體，讓教養方式與親子生活觀念，不斷與時俱進。

我很喜歡大前先生提到的：「不要用既定思維來思考孩子的未來，而是要與孩子一起找出他們的拿手本事。每個人至少要有一、兩項過人之處，以及自己值得推銷的地方，這在今後會愈來愈重要。」

我在閱讀本書的時候想到，人們或許會認為身為大前研一的兒子，當然可以走一條和一般日本人不一樣的道路，因為有老爸的庇蔭與財務支持。就算沒有好學歷，沒上好大學，也不會因為沒有工作而挨餓啊。

但是，父母的盛名，有時對於某些孩子來說，可能正是生命中不可承受的重擔。因為無論孩子們如何努力，大家總會將他們與父母的成就相提並論，或者質疑他們是「靠爸一族」。相對而言，對於名人父母來說，孩子們輟學、出走，或者走上一條和父執輩不一樣的路，也絕非毫無任何社會壓力。

記得我前幾年應邀到台北某學校演講，會後該校教務主任提到了她女兒的升學選擇是就讀職校。她女兒有一天回家說，當同學們知道她母親是小學教務主任時，充滿疑惑地問：「你媽怎麼會讓你來讀我們學校啊？」那名教務主任笑著說，她當時只有一個反應：「這，有任何問題嗎？有何不可呢？」

我深深記得那天的演講會上，有不少家長提到他們如何為孩子的教養而操心、煩惱，其中有位年輕老師還為了孩子小一該讀公立學校或私校而煩心不已。但，這位教務主任的開明、達觀，讓親子教養課題直接提升到了另一個層次。

許許多多不同層次與充滿智慧、開朗豁達的教養觀念，大前先生在這本書裡都有深入的著墨，當您閱讀完大前先生的智慧人生話語時，他兩個兒子在後記中如何講述他這位老爸，可同樣值得您一一細品呢！

推薦序

父母經真難念，卻真有趣

國立政治大學前校長　周行一

年長的父母難免都會有一些遺憾，如果可以再來一次，應該不會逼孩子做某個選擇、會鼓勵子女多冒險、有些話不會對孩子講、會多花時間在孩子身上、會多參與孩子的成長過程，這些林林總總都是年輕父母現在正在經歷，未來也會有的遺憾。為何我們總是重複我們父母走過的路？

多數的父母都希望子女有所成就，所以用自己知道的方法替他們鋪路；認為某些個性或特長對孩子有利，所以按照自己的想法型塑子女；我們希望孩子安全，因此多方保護他們；覺得好的婚姻會決定子女的幸福，所以介入孩子的擇偶選擇。

子女成長後，我們擔心年老無依，想盡辦法把孩子留在身邊，更盼望三代同堂；我們對媳婦或女婿有傳統的期望，因此有時候大失所望，損害了與他們的關係；我們看不慣孩子教育孫子、孫女的方式，卻忘記了我們以前也是一樣的。

我們年輕的時候，為了事業忽略了孩子，老了以後才發覺孩子對我們的抱怨，我們也對父母親埋怨過；我們把教育子女的責任交給了學校，最後才發覺家庭教育不可能被學校教育取代；我們處理夫妻關係的方式，孩子看在眼裡，成了負面教材，可是沒想到子女長大後卻有樣學樣；我們怎麼也沒料到，身教重於言教這句話，會應驗在自己的身上。

為人父母最大的責任，就是幫助孩子把天賦發揮到極致，讓他們成為最快樂的個體，而非我們的附屬。如果你是位年輕父母，參考一下大前研一的想法，畢竟他是過來人，說不定你會成為跟自己爸媽不一樣的父母。如果你的子女已經長大，就當做美好的仗已經打完，放孩子一馬吧！

前言

父母最重要的任務，是把孩子教育成「可以自食其力的大人」

我有兩個兒子。兩個人好巧不巧都不怎麼熱中於學校課業，但我從不曾命令他們「快去念書，去寫作業」。這是因為，我個人並不認為學校教育有多大的價值。

這麼做的結果是什麼？他們兩個果真都在十幾歲的時候，給我自世人口中的安定軌道脫隊了。

我的次男廣樹從小便喜歡電玩，國中時更變本加厲，把學校的功課撇在一旁，熱中於程式設計。我特地讓他進可以直升大學的一貫制學校，他卻說：「要念電腦不能待在日本。」不願去念附屬高中，自己找了一間美國的住宿制高中，選擇去留學。之後進了一所名校的電腦工程學系，他又說沒東西可學了，決定輟學。

長男創希也一樣，原以為他會朝自己喜愛的化學之路前行，但同樣也在大學時突然轉換跑道，最後也沒有畢業。

那麼，這兩人現在都在幹什麼呢？創希在二十多歲時自行創業，是網路顧問公司「CREATIVEHOPE」的經營者，底下約有四十五名員工。廣樹則是提供遊戲開發中介軟體的「Unity技術公司」日本區總監，同時他也另開公司，自己擔任社長，大顯身手。

兩人雖然在學生時代繞了不少遠路，但看來似乎都堅強地在這個嚴苛的時代生存下來了。

不管把他們丟到世界哪一個角落，都活得下去。就算是赤手空拳，也能靠自己掙一口飯吃——我認為培養孩子這樣的「生存力」，才是教育最大的目的。

只要閱讀本書你便會知道，在教養這件事上，我自己也時常碰壁，經歷過許多失敗。

但在培養孩子「生存力」這方面，「大前家的教養之道」就算沒有一百分，至少也能拿到及格分數吧。對於這點，我得以悄悄發出安心的嘆息。

在校成績愈優秀的孩子，將來愈需要擔心

二十一世紀是個沒人敢說「只要這麼做便行得通」，沒人知道正確答案的時代。換言之，也就是「沒有答案的時代」。

只要看近幾年日本政治的混亂情況便很清楚，任職於日本企業的眾多商務人士想必也對此深有所感。現在也是一個「成功楷模＝正確答案」的觀念已經過時，「解答千變萬化的時代」。

能在這樣的環境中生存下來的，自然不會是那些善於背誦「標準答案」的人。而是不管處於何種狀況，擁有「靠自己的頭腦想出答案的能力」，以

及擁有「傳達信息、策動人心能力」的人。

日本的學校如果能把孩子培育成這樣的人才，自然最為理想。但現實又是如何？在學校裡，老師不過是把文部科學省（注：相當於台灣的教育部）所制訂的學習指導要領上頭寫的「答案」，照本宣科告訴學生罷了。這麼做不僅無法培養出「自主思考能力」、「洞察力」、「判斷力」、「傳達力」——這些要在二十一世紀生存不可或缺的能力，反倒會把小孩子寵壞。

再者，靠這樣的做法，也絕對培養不出今後最需要的多樣化團體管理能力和領導力。

說得明白一點吧。現在的學校制度所教出來的，是照本宣科背誦教科書上的文字，聽到「向右轉」指令便毫無疑問向右轉的學生。

在現今二十一世紀，人們必須靠自己的智慧和判斷，從沒有路的情況中走出一條路來，而那些受到良好「調教」，一旦沒有答案和範本，便什麼都無法做的人，是最不具價值的一群人，「生存力」也最低。

因此，就算孩子成績不佳，父母也沒有哀嘆的必要。需要擔心的反倒是那些過度適應現代校園的優等生。尤其是那些畢業於一流大學的學生，你可以想見會是一場悲劇。因為他們一直誤會自己是優秀的人才，以致踏入社會後，更容易受強烈的反作用力打擊。再加上他們「生存力」較弱，倒下之後往往一蹶不振。至今我已經看過好幾個這樣的高材生了。

人必須活到老學到老。在校成績優異的人出社會後之所以難以進步，或許是因為他們抱有「我在學校已經學得夠多了」的誤會吧。

偏差值不是唯一標準

學校教育的另一個問題是偏差值。（注：日本對於學生學力測驗的計算公式值，偏差值大於五十，表示成績優異，有能力考上好大學。）

到目前為止，很多人都曾經提出，從偏差值僅能看出一個人在國中或高中階段，人生中某一短暫時期的記憶力，無法反映出那個人的綜合能力和將來的潛力。儘管如此，學校卻將偏差值視為絕對，用這個數字來決定學生的升學和職業。

接受這樣的教育後，學生會養成「只要選擇符合自己偏差值的地方就沒錯」的思維，即便出了社會，往往也不願承擔風險。同樣的，也難以培養出挑戰更高目標的氣概。如此一來，他們永遠無法長成獨立的大人。換句話說，他們無法憑一己之力活下去。

除此之外，人們在聽到初次見面的對象畢業於東大，往往便認定對方一定頭腦很好。即便離開學校，他們依然無法脫離偏差值高便是優秀人才的思維，這也可以說是偏差值教育的弊害之一。

儘管二十年來飽受經濟不景氣所苦，但大部分日本人卻沒有怨言地繼續忍耐著，這便是因為人民抱著「由高偏差值集團所組成的執政機關總有一天會替我們想辦法，我們什麼都不用做」的心態所導致。日本社會之所以失去自動回復力，或許正是因為有不合時宜的領導引擎坐陣中央的緣故吧。

是否混淆了「教育」與「調教」？

如果不能期待學校，我們究竟該怎麼做呢？怎麼樣才能讓自己的孩子擁有「自食其力的能力」呢？

很簡單。我們只需在各自的家庭中教導孩子那些真正必要的知識就行了。孩子的教育從前是父母的責任，現在只是回到原點。

父親說：「孩子的教育全部交給妳。」然後把責任全部丟給母親；母親則把責任轉移給學校、補習班老師或家庭教師……，像這類不合理的情況必須立刻停止，這是第一步。

這麼做之後，下一步，則是改變對教育的心態。

「不要這麼做，不准那麼做」，用這種方式管教孩子，把孩子塞進既定的框架，不讓他們踏出一步，你是否認為這就是教育？

依我看，這叫做「調教」，和養成自主思考能力的「教育」似是而非。然而，我們一直讓孩子白天待在學校接受這樣的「調教」。回到家後，如果父母還以同樣的態度來對待他們，小孩子很難不變成被馴服的狗吧？相反的，父母親應該抱持的心態是去保護孩子的大腦，使他們免受試圖把孩子塞進既定框架的學校教育的危害，換句話說，讓他們回復到人類原本的柔軟狀態，可以靠本能來思考判斷的狀態。

比起被逼著做某件事，人在做自己感興趣的事情時會比較有活力，願意下工夫，大腦也因此能夠獲得鍛鍊。父母應該仔細觀察孩子，找出他們在做什麼事情時最朝氣蓬勃，得到答案後，在家庭中為他們打造出適合的環境。

這種時候，最好不要太介意做那件事是否對孩子的將來有所幫助，或是孩子是否有那方面的才華。重要的應該是：孩子為什麼會對那件事感興趣？為什麼會想做那件事？只要能清楚掌握這些，其他的事就不必操心了。

當然，才華這種東西有總比沒有好，但絕不能以沒有才華這種理由來阻止孩子的發展。因為就算天賦不夠，只要有充沛的熱情，便能催生出破壞力和持續力。一個人是否能成器，比起才華，這兩種因素所占的比重更大。

那些「父母自己可以教的事」，要盡早開始

本書詳細介紹了我對兩個兒子所採用的教育方式。

下面先介紹其中幾項較具代表性的做法。這些方法每個家庭都能立刻施行，請務必參考看看。

❖ 吃飯時關掉電視，和家人對話

親子間的交流會因此顯著增加。如此一來，你更容易掌握孩子想做的事情或煩惱。我家的吃飯時間，每次都會決定一個主題，讓大家進行討論。

譬如，在當天報上讀到斯洛伐克的新聞，可以問家人說：「有誰知道斯洛伐克的事情，說來聽聽。」雖然一般時候並不會聽到什麼了不起的回答，但像這種時候，你可以建議：「看來我們家對東歐的認識不足，下星期六的晚餐時間，我們來辦個東歐學習會吧。」

然後，指派功課給子女，命兒子去調查斯洛伐克，命女兒去調查斯洛維尼亞，當天讓他們在餐桌上發表各人的調查成果。定期舉辦這種活動，能確實提高孩子們的思考力和表達能力。

難得和家人一起吃飯，如果說話像學校老師的代理人，淨問些「功課寫了嗎？」的問題，實在沒什麼意義。有意識地去提高家人對話的質量，對提高孩子的「生存力」非常重要。

❖把「家族旅遊計畫」交由孩子策畫

不只是讓他們決定旅行的時間或目的地，包括要搭乘哪家航空公司、住宿地點，當地機場到住宿地點要利用的交通工具和轉乘方式，要造訪的觀光景點等等，讓孩子們具體進行調查，甚至是排出暫定的行程，預估旅費。

當然，實際旅行時也要尊重孩子所訂立的計畫，按照計畫進行。這樣一來，如果他們馬虎偷懶，會給全家人添麻煩，所以孩子也會拚命去做。這麼做可以培養他們對家庭的責任感，也能加深他們對目的地的認識，讓旅行更有意義。

❖ 廢除零用錢，給予「家庭工作特權」

為了磨練孩子的獨立心態和對金錢的感覺，我建議各位廢除給零用錢的習慣，而是給予孩子「家庭工作特權」。

舉例來說，如果請外面業者清潔窗戶要支付五千日圓，父母可以把這個工作權交由兒子負責，如果他能把窗子擦得像業者一樣光亮，便支付兒子五千日圓。另外，也可以把照顧家中花木的工作權交給女兒，如果她能照顧得很好，不讓植物枯萎，每個月底便給她合乎市場水準的等價報酬。

從這些事情中，孩子可以學到「只要認真工作，就能得到相應的報酬」。如果孩子在什麼都不用做便能拿到零用錢的環境長大，便培養不出這樣的金錢感。因此，在大前家並沒有零用錢制度。每到過年便能自動拿到紅包，我覺得也是毫無道理。

隨著孩子的成長，不久他們在某些領域的能力會勝過父母。及早發現他們的能力，把這當作「工作特權」委派給孩子，是更好的做法。如果父母藉由命令來逼使孩子做事，只會延後孩子的獨立。相較之下，如果有些事情孩子可以做得比父母好，只要在家庭中創造出相關的工作機會，不用父母命令，小孩子也會樂意去做。

畢竟，父母會對你另眼相看，還能拿到等價報酬呢。說不定孩子還會拋下學校課業，轉而去磨練那方面的能力。到時候，你應該高興自己勝過了學校。這才是獨立的第一步。

在我家，孩子們電腦領域的能力早早便超越父母，因此我把電腦的維護工作特權交給他們。不過那麼一來，就演變成技術者同業競爭的情況，於是我分配工作，讓哥哥負責微軟作業系統，弟弟負責麥金塔作業系統。

❖ 和家人比賽投資收益

要提高金錢素養，還有一個方法。如果一家四口有四十萬的閒置資金，每人各分配十萬，讓大家來比賽一年下來的投資收益。

或許有人會認為讓孩子嘗試這種金錢遊戲，是很要不得的事情，但是對猶太人家庭而言，家家戶戶都把這樣的做法看作理所當然。日本人無論是在家庭或學校，很少指導孩子實踐理財教育，因此無法養成金錢素養，孩子長大以後，就會變成把現金存在零利率的銀行也毫無怨言的大人。

順便一提，雖然我大學的入學金和第一學期的學費是父母出的，但之後所有學費都是我自己打工賺來的（我做過宅配業、口譯兼導遊等工作）。也因此，有關自己未來的前途，我完全沒找父母商量，靠自己做決定。

❖讓孩子參加「夏令營」

要培養孩子的領導力，我最推薦「夏令營」。

夏令營在北美是很熱門的活動，在學校的暑假期間，由自治團體或各種團體召集小孩子，讓他們在大自然中進行各種體驗。在大前家，從孩子很小的時候開始，每年夏天我都會送他們去參加美國的夏令營。

夏令營大多會「讓孩子們組成小隊，由年長者擔任領袖，安排三天兩夜的遠足」，透過小隊合作，孩子能夠自然養成擔任領導者必要的能力。

小時候，附近的小孩會聚在一起玩各種遊戲，在過程中便可自然學習團體生活和領導力。然而，在日本，現在只有在學校才能獲取這樣的經驗。

在這層意義上，我並沒有完全否定學校的存在意義。我想說的是，學校到頭來只能定位成體驗團體生活的場所，要期待學校提供其他教育功能也只是枉然。

只不過，在學校雖然能體驗同年紀的團體生活，卻鮮有機會能接獨到成員年齡差別較大的團體。考慮到這一點，我推薦讓孩子參加夏令營，體驗多元的生活。

絕對要教給孩子的「四個責任」

無論孩子長大後「生存力」有多強，如果他成為一個給家人或社會帶來困擾的大人，也只能說「對這孩子的教養是失敗的」。因此，不只是發展孩子的能力，教導他們承擔責任，也是父母重要的工作。

這些責任包括對自己人生應盡的責任；如果有了家庭，對家庭應盡的責任；如果去公司上班，對公司應盡的責任；對國家的責任，更進一步，對社會、對全世界應盡的責任。我雖然不會命令孩子去寫功課，但從兒子還小的時候，我便嚴格灌輸他們對「自己」、「家庭」、「公司」、「國家社會」的四個責任觀念。

所以，當次男說想去美國留學，不去念附屬高中的時候，我問他：「你知道自己在做什麼嗎？」他毫不遲疑地回答我：「是的，我會負起那四個責任。」於是我安心地送他出國。

說得極端一點，只要你能肩負起這四個責任，無論走到世界哪個角落、從事什麼工作，你都能活得下去。然而，如此重要的做人道理，學校卻完全沒有教，只能由父母來教導孩子了。

父母改變，國家便能改變！

想抑制日本國力的衰退，當務之急是增加更多「能夠在世界舞台一爭長短的人才」。

於是，至今我在創業家學校教過六千人，在培養政治人才的一新塾教過五千人，我把自己的看法灌輸給他們，把他們送到外面的世界。現在，平日我在自己創設的BBT大學和管理學校等地方，指導大約一萬名學員。

我也同時針對國家教育提出意見，「至高中為止為義務教育，由國家與自治團體負起責任，教授學生身為社會一員應盡的義務與責任，以及賺取最低限度生活費的能力與技術。成人年齡標準則降至十八歲，並授以投票、飲酒、抽菸、考領駕照、婚姻自由等權利」，為了因應二十一世紀的制度改革，我在各方面持續提出自己的建言。

然而，無論我再怎麼努力，一個人的能力畢竟有限。更重要的是，每個家庭如果不重新審視孩子的教育，轉以培養「二十一世紀型人才」，這個國家便無法走上光明之路。相反地，如果每個家庭的父母都能有所察覺，有所改變，便能改變國家。

本書寫的是我的育兒經驗和教育哲學，之所以改版重新推出（注：第一版於一九九八年出版），是因為熱忱的編輯說服了我，「現在『育兒爸爸』（IKUMEN）一詞成為流行語，不只是女性關注，就連男性也開始認真思考應該如何教養子女，這時候讀者更應該讀這本書。」

我已經完成了教養孩子的任務。如果包括失敗經驗在內，藉由傳授自己的經驗，對培養「能夠在世界舞台一爭長短的日本人才」有所裨益的話，我想做這件事的確是老人對這個國家應盡的本分之一。

在文章開頭的地方，我為自己的教養方式打了及格分數，至於被我養大的對象又會為我打幾分，至今我還沒有機會確認。

因此這次我同意讓長男創希、次男廣樹和編輯在我不在場的情況下（經他們同意），針對我的教養方式，直言不諱地提出他們的意見和感想。

本書第一次出版的時候，創希二十一歲，廣樹十六歲。那之後又過了十五年，現在兩人究竟會說出什麼話，我完全沒有頭緒，但我已經覺悟，無論他們給我多麼尖刻的評價，我都會坦然接受，不會逃避，這是我身為父親的責任。各位可以將他們的訪問和本書一併閱讀，這麼一來，將更能全面理解這本《教出孩子的生存力——大前研一給父母的二十四個教養忠告》。

最後，我衷心期待十年後，二十年後，當現在的孩童長大成人時，這個國家能夠變得煥然一新，脫胎換骨。

二〇一二年六月

大前研一

1

愛情可以用時間計量

無論你把妻兒看得有多重要，

如果你總是在家人入睡後才回家，那可不成。

你能把自己的時間分給家人多少，

這是愛情的基本條件。

在一年之初訂立「家庭全年計畫」

那約莫是我進麥肯錫顧問公司第五年的時候，已經是十七、八年前的事了。長男當時都還沒念小學吧。我們全家計畫去夏威夷度假兩個星期。就在出發前夕，突然有很多工作進來，結果原本為期兩週的假期，我最後只能待五天。

在夏威夷度假五天，聽起來似乎不壞，但那是我進公司五年來的第一個假期。一開始是我自己很起勁地說：「嘿，我會請兩星期的假噢。」所以後來家人都是滿腹怨言，怨嘆著：「爸爸居然不在，大受打擊，大受打擊。」吃過那次苦頭之後，我下定決心，此後無論發生什麼事，我都要實踐與家人一同決定的計畫。

每年，我都會在一年之初訂立全年計畫，但我會事先詢問孩子的計畫與期望，一定會確保有和孩子一同出遊的時間。就算是我在麥肯錫工作，生活極端忙碌的時期，不管是得推掉客人的工作，或是被人抱怨，我都會以面對神聖事物的態度，來遵守和家人一同訂立的行事曆。

雖然最近孩子大了，不喜歡和我們一起出門，經常自己跑出去玩，我還是會盡可能陪他們一起去海邊或去滑雪。

我認為愛情的基本條件是你能為家人排出多少時間。光是嘴巴說：「我愛你們，對不起啊」是不夠的。如果你總是在家人都入睡的時間才回家，和家人說不上幾句話，那沒有任

何意義。

因為埋首於工作，三十幾歲、四十幾歲的時候，沒辦法保留時間給家人，家人間也缺乏對話，結果等到上了年紀，夫妻倆只能和對方作伴的時候，已經錯過了人生最美好的時光。

愛情的深度，反映在你能花多少時間在家人身上。我很早便意識到這點，至少這十五、六年來，在這方面我一直很用心。

一週一次，夫妻倆單獨外出用餐

十幾年前，我們全家從長年居住的橫濱搬到東京市中心。我每天可以減少兩小時的通勤時間。在多出來的這段時間裡，早上，我能花更多心力在寫作上；傍晚，我能早點回家陪家人吃飯的次數也增加了。然後，一星期一次，我會和妻子金妮兩人單獨去附近的餐廳用餐。不帶孩子，夫妻倆安排一段時間單獨說說話，這是很重要的。

近來，經常聽到有人抱怨「夫妻之間沒話說」，如果從年輕的時候便把對方看作是人生最棒的伴侶，努力為對方撥出時間，我想就不至於造成這樣的結果。

這不僅限於家庭問題。經常聽到有人談企業的社會貢獻，但在這件事情上，真正重要的其實也是時間，絕不在金錢。重要的是，那些掛著企業董事、部長、課長頭銜的人，究竟花了多少時間在社會貢獻上。

像是從事義工活動，你可以運用自己的財務專業，協助附近博物館的營運管理；如果你擅長的是市場策略，在舉辦社區演唱會的時候，你可以提出點子來招攬觀眾；如果舉辦的是傳統藝能活動，年輕人不願意參加，你可以運用市場策略的專業知識，協助吸引人潮。每個人都能像這樣，各自做出貢獻。「我稅金都繳了，這些事你們自己做吧。」如果是抱著這樣的心態，便無法打造出良好的社會。

對家人的責任，對自己的責任，對社會的責任，如果要繼續工作，還有對公司的責任，這四個責任同等重要，欠缺其中一項，或許就算不上是心態平衡的社會人。

這十五年來，我自認很用心的平均分配時間在這四個責任上。

2

烹飪課和拉梅茲呼吸法

妻子在十九歲的時候來到日本。
她既不會說日語，廚藝也只有煎煎荷包蛋的程度，
為了教太太做菜，我去烹飪學校上課，
每天協助她學習日語。

陪妻子一起上拉梅茲呼吸法課程

一九七〇年，我自ＭＩＴ（麻省理工學院）畢業，留學歸國。我第一個服務的單位是日立製作所。任職於日立的時候，我因為不加班而成為名人。

每到下班時間四點四十五分，妻子就會來接我，我們會去海岸走走，在公司健身房做點運動，在三溫暖流汗，然後再一起回家。那時是沙丁魚五條才一百日圓的田園牧歌時代，我們買五條沙丁魚，在陽台起炭爐烤來吃。

當時她年僅十九歲，才來日本不久。她幾乎不會說日語，吃了很多苦頭，我花了很多時間教她日文。我先要她寫日記，下班之後再替她批改，隔天讓她複習。她的廚藝也只有煎煎荷包蛋的程度，無可奈何之下，我只好去烹飪學校上課，再教她做菜。我身兼她的日文老師和烹飪老師。

可是，現在妻子完全不承認有這些事，還說：「嗯，有這回事嗎？」事情過了二十五年後，她竟然說這種話。

後來，我進了麥肯錫顧問公司，有段時間幾乎無法把時間撥給家人，我想這是我家人最痛苦的時期吧。

長男出生的時候，我在神奈川縣的相模原工作，工作模式是星期一出門，星期五回家。下一個工作是在美國德州，雖然我一個月會回家一次，但那時孩子才出生，我想太太當時一定非常辛苦。最初的那幾年，我完全排不出時間休假。

儘管生活忙碌，但兩個孩子出生的時候，我都去陪產。妻子選擇用拉梅茲呼吸法分娩，聽說這種方法現在已相當普及，但當時還不常見。

妻子對我說：「現在美國和法國都採用這種方法，這絕對能為產婦帶來力量，你也一起來上課吧。」於是，我也一起上了拉梅茲呼吸法的課程，嘴裡一面念著「哈、哈、呼、呼」，努力練習。

當時拉梅茲呼吸法課堂上的學員，沒有一個日本人。他們全都是定居在東京的外國人，也有不少產婦是一個人來上課。先生在下班之後去參加課程，陪太太一起躺下，「哈、哈、呼、呼」地做練習，我想在當時算是相當罕見的事。

工作再忙也絕對要陪產

課程結束後，我拜託東京女子醫大的主治醫生，「我想陪我太太生產。」結果醫生回說：「不行，產房不是男人進出的地方，沒有前例可循。」還說了一些刁難的話。無可奈何之下，我拿出拉梅茲呼吸法的書籍給醫生看，「請讀一讀這本書，裡頭介紹了做法。」

「聽說這種分娩法在外國很普遍，希望你們醫院也能考慮一下。」

我這麼一說，旁邊的醫生也表示贊成：「就讓他試試看吧？」那位醫生有些與眾不同，我「哈、哈、呼、呼」地向醫生解釋做法，結果他回答：「我讓你進產房，不過請你和我們一樣換上手術服。」

他還說：「我在電影裡看過，非洲人分娩時，老公會在地上滾來滾去，和太太一起痛苦，就和那很類似，對吧？不過醫院裡還有其他病患，還請先生你聲音不要太大。」

看樣子，在非洲似乎有種儀式是旁人倒在地上痛苦掙扎，試圖轉移產婦痛楚，他似乎認定我要做的是那種事。

「和那不大一樣，我只要握著她的手就行了。」

「是嗎？真奇怪呢。」

儘管如此，東京女子醫大仍是首

開先例，允許我陪產。

老二出生時，我來到橫濱從小生長的地方，請一位交情很好的醫生幫忙接生，我事先便向他表明自己陪產的意願。

因為是第二胎，比較能從容以對，我帶了攝影機進去，把次男出生的過程全都拍攝下來。將來老二要是口出狂言，我就拿影片給他看，對他說：「你看看這是什麼。」

我兩個兒子出生的時候，我都在場。儘管平日非常忙碌，但我選擇把時間花在這樣的事情上，好讓妻子心裡不會累積太多挫折感。

「四個責任」的均衡很重要

當遇到夫妻之間彼此開誠布公交換意見的時候，如果覺得太太說的話有道理，我也會積極擁護她的意見。這是我向來採取的基本態度。每個人都有自己的原則、主張和看法。有時候，對方也會視時間、場合來配合我，我也很有意識地努力配合對方。

家人發生問題的時候，我會先問每個成員各自的未來展望，問一問他們想做什麼。也就是說，先做市場調查，如果得到的結果自己也能認同，便採取對策和對方一起實現願望。

經常看到一些人在公司裡做事能幹俐落，在家裡卻什麼都不做。這樣的人把自己的能力集中用在爭取出人頭地或升遷機會的事情上，想法實在太褊狹。舉例來說，公司裡會貼「顧客至上」的海報，把這視為公司目標，他們卻想不到同樣的想法和做法，其實也能應用在家人、朋友身上。

一個人的成長如果發展不均衡，就無法過美好的人生。公司、家庭、社會、自我，對這四件事都要抱持相同的責任感——我期望兒子們務必理解這個道理，也以這樣的態度和他們相處。

3

兒子是我最好的朋友

由老爸來主導親子間的娛樂，
是孩子長大後也能繼續陪他們玩的關鍵。
在孩子上中學之前，
休假日我總是和兒子們玩在一起。

親子興趣相同，自然會產生對話

在我家，從孩子還小的時候，娛樂活動便是由做老爸的來主導，由我來教他們怎麼玩。因此，兒子們的興趣大都和我一樣。我想這或許就是親子可以玩在一起的關鍵吧。

大約在十年前，我們全家經常騎腳踏車到東京灣的海埔新生地夢之島，在那裡騎個幾圈。我們也會把四台腳踏車搬上廂型車，在船博物館一帶騎一整天的車。我們也經常去溜冰。

夢之島、若洲、青海一帶，在東京算是人跡稀少的冷清地帶，再加上地勢平坦，去那裡騎車最適合不過了。

從前我們一家四口會去蓼科高原騎摩托車，不過自從妻子開始專心學習樂器後，因為擔心受傷，她便不再去了，那之後我都是和兒子三人一起去騎車。兒子們從幼稚園開始便騎迷你摩托車在山上跑，因為是在林道騎車，所以也不需要駕照。不用多久，他們很自然的開始改騎一般摩托車。

還有滑雪。老二很小就開始滑雪，那時的他套上滑雪板還會哭，後來他一直持續下去。他第一次滑雪的時候，自己突然就滑了出去，當他驟然消失在我的視線範圍時，我有點心驚。他滑向一個小懸崖，一時停不下來，結果撞上懸崖下的樹，幸好滑雪板鬆開，沒有造成大礙。

一開始老二就經歷了可怕的經驗，後來我不去管他，他的技巧逐漸精進，不用幾年時間就超越了老爸。

我家老大也很會滑雪。

我們全家也會去潛水。內人說不能被我丟下，立刻也去考了執照，長男也在中學時拿到潛水執照。當時高中一年級的次男雖然還沒有執照，不過一直看著我們潛水，他也學會了。我們下海潛水的時候，他經常使用換氣管跟在後面。

在兒子們上中學之前，每到休假日，我們全家一定會出去玩。我們也去釣魚，不管是玩電腦或做其他活動，都是全家一起來。

就像這樣，直到最近為止，我們所從事的休閒活動幾乎都是一樣的，因此即使到現在也不會沒話講。兒子們也說，與其和笨拙的朋友玩，和老爸一起玩比較有趣。

和孩子一起玩，是「抑制老化」的良藥

唯獨很流行的直排輪，是兒子們先開始玩。我和內人從前常去滑冰場，原本以為直排輪和溜冰的要領差不多，但剎車方式卻完全不同。看著兒子們在停車場靈巧地擺動雙腿，或做後溜S型練習，我卻只能在一旁乾瞪眼。

因為看他們溜得那麼開心，我去美國的時候買了「BAUER」的直排輪鞋回來，連護腕和護膝也一併買了。不過，就在商品寄到家前夕，我騎越野摩托車摔傷了，所以收到直排輪鞋後只能藏在衣櫥裡，因為我擔心要是被找到了，兒子們會說：「老爸，你買到好東西啊！」最後鞋子會落到他們手裡。

我工作上往來的朋友大都是典型的上班族，現在多已升上董事，閒暇時間不多，平時運動也只打打高爾夫球，許多人就這麼漸漸衰老下去。所以，我認為最好的玩伴、最好的朋友，還是自己的兒子。和孩子一起玩，是抑制老化的良藥。

可是，最近全家能湊在一起的機會變少了，趁著老大考到了駕船執照，我們夫妻倆和老大及他的女友去了神奈川縣的三崎，四人來個雙重約會。那天則被老二逃掉了，他和玩電腦的朋友出門去了。

我家老二對電腦的狂熱非比尋常，一整天泡在電腦前面也不厭煩。他一直是我寶貴的電腦小老師，收了我很多學費。一九九七年秋天，老二去了美國，令我感到有些寂寞。

4

「勤奮老爸」與「悠哉兒子」

對孩子們而言，

要跟上我這個老爸的腳步想必很辛苦吧。

因為我家小孩每次度假回來都會抱怨：

「真想再去度一次假，這次不要帶老爸。」

我經常被人指出的「缺點」

我算是競爭意識強烈的人，我會把別人分派給我的工作全部消化，把自己盤子裡的食物全部吃完。求學的時候，如果老師交代「這是今天的功課」，我會在出門前一口氣把功課寫完，然後才出去玩。

高中三年級的時候，我在春假便把數學課本整本讀完，覺得自己已經會了，便把教科書丟到一旁，接下來我不去學校，只有考試那天才出席。暑假作業也一樣，我會先趕快寫完，然後再出去玩，這就是我的學校生活。

相較之下，我的兩個兒子性格恰好和老爸我相反。他們總是把功課拖到最後一刻，才開始拚命趕工。

還有，如果老師交代要做兩百道數學題目，我會全部寫完；但我的孩子做完三題，發現後面都是大同小異，就會寫一句「以下皆同」交差。和我是截然不同的類型。

不過，我自己在學生時代也絕對稱不上是優等生。我會和校方吵架，也會和父親爭吵。自己嫌惡的事情絕對不做，因為對很多事情都看不順眼，所以我也經常蹺課。我那時的行為，或許就是所謂的拒絕上學吧。

學校交代的功課我會做，但老師的告誡我絕不會遵守。如果老師說：「不准遲到」，我就會故意遲到；如果老師說：「你下次再犯就處罰你」，我就會想，那我也要處罰老師，於是把裝水的水桶放在門框上，設置陷阱。從前的我，就是這麼一個不輕易妥協

的學生。

我從自己的經驗知道，逼迫孩子是沒用的，所以我不曾把自己的想法強加在兒子身上。我認為家人的地位應是對等的，大家都和我一樣，有強烈的自我主張。

另一方面，我有個缺點經常被人指出，那就是我會用對待自己的態度來對待其他人，這原本沒什麼，但我容易認定別人也和我有同樣的能力。換言之，我會以相當高的標準來要求其他人。

不管是「平成維新會」的會員，還是麥肯錫員工，我都以要求自己的標準來要求其他人。無論是前一天才剛進公司的新人和進公司十年的老鳥，我都採取同樣的態度。進公司十年的老鳥會抱怨：「你總是有這麼多意見。」我會責罵剛進公司的新人：「為什麼連這都不會？」對方則激動反駁：「我才剛進公司，還搞不清楚狀況。」

現在回過頭看，在這方面，我的做法或許應該再調整。不過，現在還是有很多人會來找我商量私事或二度就業的事情。所以大家應該可以理解，我只是在公事上態度嚴格，私底下我其實很照顧人。

在三十歲寫出處女作《企業參謀》

我之所以對新人嚴格，取決於我自己的經驗。

我剛進麥肯錫時，工作相當拚命。我從事核能工作九年，後來進了不同領域的麥肯錫顧問公司，為了跟上麥肯錫的工作方式，我吃盡苦頭，無論週末或夜晚都辛勤工作。

我是一個會接下眼前所有挑戰的人，我把麥肯錫公司所有資料和報告全都讀完，一年以後，我比那些年資較久的員工更了解公司的情況。

原本對經營一竅不通的我，利用那年學到的東西，並整理自己用功一年所做的筆記，在三十歲寫出《企業參謀》一書，沒想到意外成了暢銷書。

顧問這一行，一日為顧問，終生為顧問。因此，在這一行升遷，沒有多大意義，我也一直認為職等並不代表什麼。不過，在麥肯錫有首席（合夥人）和總監（資深合夥人）的職等，能夠如此迅速晉升到這個地位的，全世界就只有我和另一個德國人漢茲勒（Henzler），這也是現今最短的紀錄。

一九七九年，我成為首位非美國籍的日本分公司總經理，加入董事會。要升上公司董事一般要花十五、六年的時間，但我只花六年左右就辦到了。

就算是父子，個性大不同

只要是老師交代的功課，我都會勤奮去做，這是我的性格，這點從小就不曾改變。在這層意義上，我可說是非常認真的學生，現在每年我也會決定一、兩件要學習的新事物，徹底進行研究。

另一方面，兒子們雖然和我一樣擁有非常強烈的自我主張，但就算有人在他們眼前丟下戰書，他們也是一臉發呆的模樣。而且，他們只做自己喜歡的事。只有和電玩遊戲或電腦相關的事情能讓他們提起勁。

在這點上，他們和我這個老爸有些不同。

從兒子們的角度來看，或許在他們記憶中，常常會覺得要跟上我這個老爸的腳步很辛苦吧。

就算是去度假，我也會決定所有的行程，一抵達目的地，就帶所有人去划獨木舟，隔天玩快艇，第三天去釣魚；去滑雪的時候，我也是從早滑到晚。

每次度假回來，大家都筋疲力竭地說：「我們幾個再去度一次假吧，這次不要帶老爸。」

聽說同行的其他親戚或朋友的家人也有同樣的感想。

明明還是小孩子，卻說什麼：「中間安排一天休息是常識吧。」還說：「今天我們休息，老爸你一個人去吧。」

5

背得愈多，腦袋愈笨

一直以來，我們總是盡可能拚命強記更多東西。

可是，那些電腦擅長的事情，

人類要和電腦比賽，

不過只是白費力氣。

看到「學校作業」就生氣

看著孩子們，我總是嘆服不已，覺得一個美好的世界即將展現。一直以來，我們花了非常大的力氣，盡己所能地去記住更多東西，靠知識來一決勝負。

然而，今後藉著電腦這項工具，我們漸漸沒有強記知識的必要了。雖然我們仍需去記憶很多東西，但也有很多事不再需要強記。

舉例來說，使用電腦的時候，如果碰到不懂的事情，我只需敲擊幾個鍵盤，就會跑出一堆答案；記不清楚的漢字，也能立刻查出來，英文拼字也一樣，只要按下拼字檢查鍵，電腦就會為你檢查全文。

在這個時代，強記知識到頭來占不到什麼便宜。譬如，要做四則運算的時候，你只需學會計算軟體的使用原則，之後交給電腦就行了。五年後，或許所有的高中生都會帶著電腦去上學吧。

然而，學校卻沒有意識到時代的潮流，教學依然著重在單純的死背工夫上，要求學生在短時間內盡可能正確記住更多的答案。

每次看到孩子的學校作業，我就忍不住生氣，跟孩子說：「不要寫功課了，你們去打電動或玩電腦算了。」

暑假作業的數學題目淨是相同性質的問題，只是數字或排列組合稍作更改，要求學生做兩百題。簡而言之，這種做法與其說是教育，更近似於「訓練」。

「學校秀才」的未來最危險

每年一月，我都會看報上刊出的大學入學考試題目，看完後，還真想見一見那些出題老師究竟都是些什麼人。無論是數學或英文試題，他們竟然能提出那種沒有意義又不合常理的題目，實在是令我不得不佩服。

一想到那些能夠毫無疑問寫完莫名奇妙試題的學生，究竟十年後能不能派上用場，我就感到憂慮不已。

只受過那種訓練的小孩，一定會被新時代潮流給淘汰吧。換句話說，那類題目是電腦最擅長的領域。只要做完前三題，孩子便能理解那類問題的解題方法，至於之後的計算過程，電腦要比人腦厲害。

那些電腦擅長的事情，人類要和電腦比，不過是白費力氣。不，不僅如此。這還可能導致那些覺得自己「有能力做」那種無謂事情的人，誤會自己是個有能之人，以致他們對學習新事物的態度變得消極。

而且，那些人並不認為死背的知識沒有用處，出社會以後，久而久之，就變成欠缺努力的人。許多在校成績優異的學生出社會後，之所以意外落後，便是因為他們自命不凡地認為「自己比別人要強一些」，以致怠於每日的努力。

暑假作業，義工活動比數學題重要

日本教育一直以來都偏重智育發展。在這樣的情勢下，要說日本人最欠缺什麼，我想，還是公德心吧。也可以說，是對他人的體恤。

在腦袋裡塞進許多知識，以為只要自己拿到好成績就夠了，這樣的心態不斷蔓延開來。至今我們的教育，並沒有教導孩子，其實有比知識更重要的事情。

今後，為了培養孩子們的公德心，與其在暑假要他們做一大堆數學題，還不如叫他們去老人安養中心，為老人添飯夾菜，或幫忙清洗餐具，更換床單。我覺得這樣的經驗遠比做數學題來得重要。也可以讓他們去打掃公共廁所，這麼一來，他們便能理解到，沒有公德心的人會為社會上其他人帶來多大的困擾。

前陣子我去了三浦半島，結果前方一輛四輪傳動車裡的人從窗戶扔出一個速食店的大紙杯，結果紙杯穩穩地立在馬路上。我們雖然很佩服對方技術高超，但也難以理解居然把這麼大一個杯子丟出車窗外的心態。然而，許多年輕人的確能滿不在乎地做出這種事。

人們現在既然已經從必須博學強記的束縛中解放了，今後對其他社會問題的處理，想必會更為看重吧。

像是為了降低社會運作成本，善盡個人責任，或是對貧困國家的責任、對環境汙染的責任等等。

稅金之所以再多也不夠用，是因

為大家都把公共事業和其所提供的服務視為免費。如果可以集眾人之力，合力整頓自己的城市，稅金的支出也會減少。

並且，如果有許多人能對政治付出更多關心，在埋設自來水道、瓦斯管、電纜線、下水道的時候，防範多次開挖馬路的情況，這麼一來，公共事業費用也能大幅調降。

對於那些藉由抱怨意圖得到好處的居民，如果能由居民間彼此出面調解，事情也能便宜解決，因為政府官員就只會靠錢解決問題。我的看法是，真正需要用到稅金辦的事情其實並不多。取而代之的，應該是大家要集眾人之力，付出智慧和時間。

學校也要教導學生，社會是如何運作、稅金是用在什麼地方。一星期至少安排一天，讓學生貢獻社會，讓學生無償工作，這麼一來，不只他們能學到東西，對稅金的收支狀況也大有裨益。

與之相關的社會教育，光是提高到現有的數十倍，一點也不夠，至少要提高一百倍才行。

看到現在日本海岸線的汙染情況，我實在不認為這個國家能成為文明國家。破壞國土的公共事業層出不窮，同樣也是問題。看著日本受到水泥和推土機摧殘的國土破壞現狀，總覺得完全體現出日本人心的墮落，那種只重視錢、錢、錢的意識。

有什麼樣的國民，就有什麼樣的國土。一想到這點，我就忍不住思考起教育的重要性。不過，就算現在意識到這點，要改正這種情況，我想，仍需要很長的時間。

6

「與其念書，不如打電動」

我對兒子們說：

「你們與其念書，不如去打電動吧。」

因為電玩遊戲可以揭示出

在學校學不到的實用型思維模式。

「模擬城市」令我感到讚歎的理由

最近，我從孩子們身上學到的東西是電玩遊戲。我雖然玩得不太好，不過看著孩子們，覺得他們彷彿是靠著電玩遊戲成長，電玩已經是他們身體的一部分。

從超級任天堂到SONY的PLAY STATION，我家幾乎蒐集了所有的電玩遊戲機機型，也有各種遊戲搖桿和控制器。

很多父母會對孩子說：「不要打電動，快去念書。」但我反而會建議孩子：「你們與其念書，不如去打電動吧。」

不過，最近倒是很少看到他們打電玩遊戲。父母交代的事，孩子反而不願照做啊。

電玩遊戲的基本思維模式，可以說和文部省的教育方針處在兩個極端。所以，如果多玩點電玩遊戲，孩子們受到教育制度摧殘的腦細胞，想必可以減少幾分。

從前流行的「小精靈」或「超級馬利歐」之類單純的遊戲還談不上具備這種功能，但後來推出的「勇者鬥惡龍」（Dragon Quest）和「最終幻想」（Final Fantasy）之類的角色扮演遊戲，無論是遊戲的基本概念或結構，都製作得相當精良。

目前為止，最令我感到讚歎的一款遊戲是「模擬城市」（SimCity）。由玩家擔任市長的角色，負責市政的營運。你可以自由支配稅金的運用，但稅金額度有限，要實現所有市民的願望是不可能的，端看你要如何運用有限的稅金來打造城市。

如果把預算用在垃圾處理上，可能會導致犯罪增加；好的城市人口會增加，但人口一旦增加過度，又會造成問題。

我試玩以後，發現人口一旦超過十六萬人，城市機能便無法正常運作。在遊戲過程中，玩家可以自然而然地了解到大城市所面臨的問題。

我覺得從小學的時候開始灌輸孩子這種觀念是非常重要的。相較於現在日本根深柢固的不自己負責的想法——無論什麼事都先要求別人，提要求的人就贏了，會吵的孩子有糖吃，**電玩遊戲揭示出一種非常實用又有效的思維模式**。

在英語裡，這種思考方式叫做「Trade-off」，也就是說，當顧及這一方時，便無法顧另一方，要如何解決這樣的難題，便是這款遊戲的重點。大部分的社會問題都需要折衷權衡處理。至於這樣的情況要如何解決，多

玩幾次這款遊戲，便漸漸能看出脈絡。

如果是以教育當局的思維模式，很難培養出這樣的思考邏輯。就算對孩子們說：「和平很重要。」但和平為什麼重要？如果不維護和平會造成什麼後果？刑罰又是什麼？各種情況的權衡利弊都必須考慮到。日本人便是缺乏像這樣的設想。

孩子的意見比證券分析師的分析有用

看到孩子們這麼熱中於電玩遊戲，我沒說：「別玩了。」相反的，我對他們說：「讓我加入吧。」我在一旁離得稍遠，默默看他們玩。有長輩在場，他們的朋友覺得很不自在，但我裝作不知情，一直在旁邊看。我趁孩子不在家的時候，試著自己玩，開始能理解他們的想法，像是思考事情的方式等等。

一開始的時候，我也念過老二：「你最近電動打太凶了吧？」結果早餐時間他給我上了一課，「老爸，你也應該多少認同一下電玩遊戲的社會價值吧。有些事情比學校的課業更值得用心投入啊。」

不過我出於擔心，仍提醒孩子：「電玩中心這種地方還是少去吧。」結果被反駁：「等一下，老爸，你也換個說法吧，現在沒人說『電玩中心』了，是『電子遊戲場』啦。」

簡而言之，根據他的說法，「電玩中心」不像一直以來的柏青哥店，並不禁止青少年進出，校園暴力事件也因此漸漸減少。

青少年用「快打旋風」、「立體格鬥」（Virtua Fighter）等遊戲中的「街頭格鬥技」來對付對手，排解心中煩悶。和旁邊的陌生人認真較量的過程中，想打人的衝動也漸漸消散。

「這對我們而言，是一種發洩管道，在學校裡不能做的事，我們在電子遊戲場解決，所以彼此打架鬥毆的情況比較不常見了，挫折感也少了。這難道不能說是一種社會貢獻嗎？」兒子滔滔不絕地說。

聽了兒子的這番話，我立刻把「電玩遊戲的社會意義」寫進書裡。說真的，我還真該付他版稅呢。我從孩子身上學到很多類似這樣的事情。

我出於自己的興趣，問他：「那些電玩軟體公司裡，你覺得哪一家可以生存下來？」結果他憑藉自己的獨斷見解和偏見，回答：「據我自己玩過的感覺，我覺得這家公司不錯。」結果他的答案大都和那些公司的業績一致。如果他說：「這間公司快不行了。」最後果然如他所說。

孩子們身為電玩玩家，對這種事的直覺卓越超群。與其看證券分析師的分析，還不如找幾個電玩迷，請教他們的意見，有時反而會得到比較有趣的答案呢。

父母向孩子學習的時代

觀察這些孩子久了，我覺得果然有很多事可以向他們學習，這是我毫無虛假的真實感受。

光是兩個孩子便讓我學到很多，我不禁想，現在或許已經不只是父母要教導孩子，而是父母親也要向孩子學習的時代。

如果是知識連續性的時代，先出生的人經驗絕對比較豐富，經驗可以發揮價值。然而，在現在這個技術不連續的時代，這種不連續性不僅只限於技術層面，甚至有足以改變世界觀的重大影響。

若要解釋電腦通訊、網路革命是多麼具開創性的發明，舉例來說，靠著這項技術，你不僅可以利用日本銀行的服務，你也可以選擇利用世界各地任何一家自己喜歡的銀行。並且，在這個時代，你還可以在美國購買只需日本一半價格的機票，利用國際快捷郵件寄送，隔天機票便能送抵日本。

這樣的新時代，對那些滿腦子裝著舊知識的人絕對大為不利，長者唯一能做的，就是抱著虛心的心態，暫且忘記至今所學，去學習新的知識。

7

人生就是「最終幻想」

從我至今見識過的人生來看，

我覺得「最終幻想」的世界比較正確。

因為在實際的人生中，

人在遇到某個關卡時，

便有開創嶄新命運的可能性。

「偏差值」的罪過——糟蹋孩子的潛能

在各種電玩遊戲裡，我很喜歡「最終幻想」。因為在這個遊戲裡，每進行到一個關卡，都會揭開完全不同的命運篇章。

雖然一路上吃盡苦頭，但進行到某一遊戲關卡後，便能開創嶄新的命運。再進階到下一個關卡，之後又將揭開不同的命運篇章。

可以說，這樣的設定很接近現實的人生。不可以放棄。因為只要進階到下個關卡，又可以來到新的希望之途。

話說回來，無論你在學校的成績如何、是否聽從師長教誨，或者父母是否富裕，人類的命運都會因無法預期的意外事件而突然改變。

然而，現在日本的學校教育，卻往往在非常早期時便以偏差值來區分孩子的能力。換句話說，他們不認為人身為個體擁有無限的可能性，也不認為在不同的人生關卡上，個人能力也會隨之改變，從年幼時便以偏差值來決定

「你大概就落在這個水平」。

在某種意義上，這就像國家從一個人小學的時候開始，便不客氣地要他決定自己對人生的價值觀，這是很荒謬的制度。面對這樣的情況，如果只是說一聲「噢，是這樣啊」就老實接受，便無法造就出具有發展性的個人或國家。

不過，人們從小學或中學的時候開始，透過考試，每年都得經歷兩、三次這樣的事情，孩子們的選擇就只有認命或是反抗。

適應體制、一帆風順的人進東大念書，到大藏省工作。或是，進入合乎自己實力的普通大學，過著還算開心的生活。如果一年可以去個兩趟兩天一夜的旅行，也算是愜意的生活了。

另一方面，選擇反抗的一方加入飆車族，說「學校這種地方我才待不下去」。好不容易混畢業之後，依然斜眼看世界過日子。平日看看體育報（注：日本的小報，內容除了體育新聞外，多半為藝能八卦）排解鬱悶，或是賭博消遺，找個可愛的普通女孩結婚。

如此一般，現在日本對教育的態度走向兩極化。由於兩種對立的存在人數逐漸增加，希望大家齊心合力打造更美好的國家、更美好的社會，彼此的齒輪也無法契合。

沒人知道才能何時會在何處開花

政治和經濟在一群在校時被譽為優秀人才的人執掌之下，搖搖欲墜，但依然沒人出面發聲說：「既然如此，還不如我們自己來。」氣憤的人群依然對政治保持不信任、無視、冷漠的態度。

然而，如果一般民眾不振作起來，不出面改善自己的國家，便不可能打造出美好的國家。一生氣便擺出冷漠的態度，是這種教育導致的後果，是終極的安全閥。如今，已經不必再擔心會發生像安田講堂攻防戰（注：一九六九年一月十八、十九日，東京大學本鄉校區遭全學共鬥會議占據，是東大著名的學潮運動之一）之類的事件了。

然而，這對個人的人生又會造成什麼影響呢？從小就被偏差值「權威」宣判了自己的價值，至少這一點，我覺得必須盡早做出改變。

據我目前所觀察到的，人的潛能並不是這麼單純的事情。就算某人學校課業一塌糊塗，但他可能對經營事業特別有敏銳度，或是待人非常親切、具有人望。人不是兩極化的，事實上人類具有各種潛能。而且，沒人知道這項才能何時會在何處開花。

有人從報章雜誌習得知識，可以說出比經濟學家更具見識的發言；搭計程車的時候，我也曾遇過分析政情比我詳細的司機。那些人的見解出乎意料的正確，經常比各大報的新聞更能切中核心。

從這些事情也可以知道，在學生時代便決定一個人的價值，這樣的體制怎麼想都不妥當。

換言之，用來做為判斷的基準明明是錯誤的，但仍光憑考試結果便對一個人的潛能早早打上烙印，我對這樣的教育方式持強烈反對態度。

師長和父母會說：「你現在不用功，將來會很辛苦。你現在所念的書，會決定你的將來。」我覺得這並不正確。如果孩子現在不想念書，不如就對他說：「你出去流浪一年試試吧。在現今的日本，不用愁會餓死，你就找家速食店打工，一面去日本各地到處看看吧。等你想念書了，你就回來。」

這話聽起來或許有些異想天開，但我認為這才是今後正確的生存方式。畢竟，未來的事沒有父母能預料得到。

不保證「好大學、好公司＝幸福人生」

舉例來說，有一年股票上市獲利六百億日圓的人一共有六位，每一位年輕的時候毫無例外都很「悲慘」。說得白一點，他們既無風采，也不受異性歡迎，進不了好學校，沒辦法在好公司工作。不過，這反倒是一件值得慶幸的事。

去年夏天，我去澳洲的凱恩斯度假，大約停留一星期。我當時認識的遊客裡，待三天兩夜以上的人都是開餐廳或壽司店的自營業者或自由業者，完全不見受薪族。而且那些攜家帶眷的旅客，也極少是受薪族。

雖然看見了一群穿西裝來考察的白領精英，但那群男人和度假地顯得格格不入。來度假的旅客裡，沒有人自稱「我在豐田汽車的營業部工作」。豐田、日產、東芝、日立雖然都是好公司，但員工滿腦子想的都是出人頭地，在屆齡退休之前，根本請不了長假。

況且，現在這時代，處於金字塔最頂端的公司也紛紛面臨崩壞的局面。就連銀行也無法避免，才以為沒問題，結果一下子就倒了。世況就是如此。

我並不是說自己創業就一定比較好，但至今大部分的父母都是抱著「要進好大學、好公司、要進大企業」的想法在教育孩子。而學校也配合他們的期望實施教育。

這種時候，我們或許有必要再一次在心中想像孩子們「三十年後的模樣」。

8

找出孩子的拿手本事

孩子們不是一味接受父母的教導。

如果有自己可以教導父母的領域，

我想，能為孩子們帶來很大的自信。

享受輸給兒子的「快感」

一直以來，我陪孩子玩的方針，都是盡可能配合他們的興趣。雖說，幾乎他們所有的興趣都是我這個老爸先起頭，是我教給他們的。現在，除了比腕力以外，從滑雪到電腦，在各領域我都被孩子給追過了。

我一面享受著輸給兒子的「快感」，同時也發現，在孩子超越老爸的領域中，孩子對我幫助最大的就是電腦。

大約從兩年前開始，我會支付孩子費用，請他們協助我處理許多事務。幫我修正程式，在電腦裡建立工作上的聯絡信箱，這些工作我全都發包「家庭代工」。對於孩子們的勞力付出，我會支付訓練費，孩子們藉此賺取自己的零用錢。

他們當然也可以去速食店打工，不過考慮到將來，兩個孩子能靠電腦賺錢的時代絕對會到來。既然如此，不如讓他們早點起步，於是我在家中確立了這項「家庭工作特權」。

至於他們把賺來的零用錢用在什麼地方，似乎大部分都拿去買電腦軟體了。

靠「家庭工作特權」賺取零用錢

我家老二國中二年級的時候，用打工薪水請了電腦家教，開始學習「C語言」，那是一種電腦程式語言。雖然當時我覺得請英文家教或數學家教還比較實際。

現在，他已經可以自己編寫程

式，甚至還能夠檢測程式。反正總要給兒子零用錢的，在這層意義上，這項「家庭工作特權」可說進行得非常順利。

他連不必要花錢的軟體都買，國中三年級時已經蒐集為數可觀的軟體，興起了自己想開公司的念頭，我想這也是因為「家庭工作特權」培養出他的自我責任意識。

我想，孩子們不只是一味接受父母的教導，如果他們有自己可以教導父母的領域，也能為孩子們帶來很大的自信。

身為父母，如果有些事情能委由孩子負責，請孩子指導自己，協助自己的部分工作，這也是一件非常幸福的事，不是嗎？

9

兒子的休學申請書

老二上國中時，

開始不去學校上課。

我對他說：「你至少忍耐念到高中或大學吧。」

最後我們討論出來的底線是中學畢業。

講不聽的性格遺傳自父母

老二念中學的時候開始不去學校。他念的是早稻田實業的國中部，可以直升大學，但本人卻表示不願升高中。

國中二年級的時候，他近乎拒絕上學的狀態。於是，我給了擅長電腦的他一台電腦，對他說：「你就在家學習，不去學校也行。」解除他的壓力。他的班導師人非常不錯，一直很關懷他，還說：「你不必努力念好所有的科目，只要挑一、兩科好好念就行了……。」

不久之後，那孩子又說：「我還是決定在國中時輟學。」一開始，我勸他說：「你至少忍耐念到高中或大學吧，之後隨你愛怎麼做。」但那孩子心意很堅定。我也曾像一般的父母，說服他：「你至少去念高中吧。」

他拒絕去上學是在國中二年級的時候，因此最後一年我對他說：「你至少念完國中義務教育吧。」最後我們討論出來的底線是中學畢業。他說不想去念高中的時候，已經下了很大的決心，做好覺悟，我也已經好好聽過他本人的意見。

然後，我囑咐他：「不過，不只是休學就算了，出社會以後，你得負起四個責任：對社會的責任，對自己的責任；將來有了家庭，你要對家庭負責；去公司上班，你要對公司負責。身而為人，重要的是要善盡這四個責任。」

兒子的夢想是當個電腦程式設計師，靠這自食其力。於是他拚命找了很多以「自行創業的方法」為主題的書籍來讀，我對他說：「我是經營顧問，這種事我還幫得上忙。」結果兒子回答我：「我不會給老爸你添麻煩。」

然後，他總算從國中畢業，如同他所聲明的，他不想升高中，自己迅速提交了休學申請。

收到他的休學申請，老師嚇了一跳，問他：「以前不曾有過這種案例，這件事你父母同意了嗎？」

兒子的成績在班上是中等，成績並非不及格。只要保持水準，他可以直升早稻田實業大學。儘管如此，他卻不知道為什麼決定輟學。

不過，本人已經下定決心了。誰叫他怎麼講都講不聽的性格是遺傳自父母，這也是沒辦法的事。

我問他：「不能念大學，你要怎麼辦？」結果他爽快地反駁我：「老爸，這你就不懂了，只要能通過大學入學資格考，就算高中沒畢業，也可以念大學。所以，如果我改變心意想去念大學，隨時都可以做準備，這你

不必擔心。」「噢，這樣啊。」這下我也不得不接受了。

人生沒必要把自己逼得太緊

當然，這是事關兒子人生的重大決定，我也考慮了很多事。然而，要是我逼兒子走上自己不情願的方向，當此路不通的情況發生，他抱怨這都是老爸的責任時，那包袱實在是太沉重了，既然他自己已經慎重考慮，乾脆就讓他放手一搏吧。基於我家的教育方針，我決定讓老二「無罪釋放」。

那之後，兒子自己負起責任，思索自己的未來，他在春假時去了美國，一面在美語學校上課，一面在一家電腦專科高中找到各房間都配置有電話線的宿舍。

在電腦軟體的世界，英文不好終究是不行的。因此老二說：「我要出國學英文。」於是離開了日本，當我們回過神來，他已經進入美國的高中，從九月開始，去那間高中上學。

他母親聽到老二提出休學申請後，有些驚慌失措。我和她詳談之後，才知道她之所以感到不知所措，不是因為孩子的決定，而是因為自己身為孩子母親，她自覺有責任，不知該如何面對我，聽到我說「沒關係」後，她當下便釋懷了。

妻子原本就讀於新英格蘭音樂學院，嫁給我之後，輟學來到日本。在日本待了一陣子後，她從以前的音樂學院轉了幾個學分，進入上智大學就讀。她在美國的音樂學院主修雙簧管，但在日本沒有可收外國人的音樂學院，並考慮到將來可能會生小孩，她選擇在上智大學國際部主修兒童心理學，念到畢業。在這之間，她的人生大約有三年的空白時間。

妻子的看法似乎也和我兒子一樣，覺得「人生沒必要把自己逼得太緊」。

10

兒子的美國成績單

從小做事馬虎的兒子，
在日本時與學校生活格格不入，
但美國學校給他的成績單上卻寫著
「凡事過度要求完美」，
真讓我跌破眼鏡。

美國教育「弛張有度」

最近，美國又重新受到肯定。很多人說美國大學生很用功，但美國學校的教育其實比日本更弛張有度。

「不是一味念書、念書，高中生活就盡情去玩，反正那年紀本就是對異性產生好奇的萌芽期」，美國人承認動物的生殖本能，對男女交往保持開放態度。升上三年級後，因為有大學入學考試，學生會拚命用功，學習能力好的學生光是拚這一年，表現便判若兩人。

除此之外，像是暑假，新學期是從九月開始，暑假時，學生完全不會去想念書的事。大家的想法是：暑假就要好好地玩。大學生趁暑假打工賺錢；國中生、高中生會去露營，學習團體生活；小孩子則和家人一起在露營車上度過。

至於日本的情況，就算是學期結束的春假，學校也會出作業，做法有些愚蠢。換言之，從小學開始，日本學生就在念書、念書，一刻也不得喘息，以致念書念到中毒。相較之下，美國的教育則是弛張有度，學生一年之中的某個時段拚命用功，在某個時段則盡情遊玩。

上大學後就去打工，自己賺取秋天開學時的部分學費，這種模式已經是一種常態。自己付學費在美國是常識，如果上的是不錯的學校，將來一定有能力償還借款，因此金融機構便拿當事人的未來當抵押，提供貸款。借款人不是父母，而是由學生自己出面，由此產生自我責任的意識。

美國重新受到肯定的一點是「他們糟糕的地方糟得很徹底，糟糕的人也糟得很徹底，但優秀的人才就超級優秀」，這樣的特徵非常明顯。

那些極度優秀的人才，日本人怎麼努力都無法匹敵。因為日本人全都活在框架中，以致沒有格外優秀的人才，但相對的，也不至於出現太糟糕的人。然而，這麼一來，日本將無法在二十一世紀的資訊化社會倖存。日本產業的主導權將會被美國的優秀人才給搶走。

日本的英語教育出了什麼問題？

就拿英語教育做例子，我兒子去美國念語言學校後，只花了三個月，英文便琅琅上口。他可以靠自己寫出一、兩頁的文章，也能與人對話，用英語講電話。

我調查了一下美、日兩國教學方法有何不同，美國的語言學校不會要求學生做英翻日或日翻英等練習，他們英語學習的基本是寫下自己的看法。換句話說，他們是讓學生「表達自我」——主要是著眼在能說出自己

的想法。舉例來說，他們會訂一個題目，要求學生寫下自己的意見，整理成兩頁的報告。

相較之下，日本學校則是要求學生將事先擬定的日文句子翻譯成英文，或是將事先準備的英文句子翻譯成日文，讓學生反覆練習。讓學生書寫自己看法的練習，可以說幾乎沒有。

日本教師的考量是，這樣的方式不方便為學生評分，因此仍是以答案正確與否來決定優劣。

另一方面，美國老師是把學生能否明確表達出自己的觀點，視為最重要的評分重點。兒子的報告有很多拼字錯誤，也有很多地方忘了寫上句號，或是沒有標上連接號，但老師仍給予「整體表達能力滿分」的評價。

先稱讚學生值得讚許的地方，再點出其他的小問題，對學生來說，會留下整體表現還不錯的印象。如此一來，本人會覺得自己有能力用英文表達想法，學習起來也會更起勁。

看到兒子帶回家的作業，三個月前我根本無法想像他能用英文寫出這麼長的兩頁文章。

口語練習也一樣。能否表達自己的意思是學習的中心，而非文法正確與否。畢竟這是在學英文，不是在算數學。

如果你在說日文的時候，旁邊一直有個人盯著你的用字遣詞正確與否，根本就無法說話。我們經常會碰到這種情況，有時候文法雖然有誤，但對方依然能理解你的意思。

綜合考量這幾點，可以知道現在的日本英文教育是如何不符現實。在這個必須把英文當成工具來說話、書寫的時代，我認為這種做法讓我們處在危機狀態。

我兒子只學三個月英文，便能學到這種程度，那為什麼在日本念到大學，英文從國中開始學了十年，卻連一句話都說不好呢？無法實際運用在生活中，這就是問題。

這代表教育制度不適用於現今的時代。明治時代以後，日本一舉趕英超美，英文教育的重點主要放在對西洋文獻的讀解上。在日本像今日這般與西洋比肩而立之前，我認為這是有效的方法，但時代正在急遽變化。

現代所需的英文能力，是看著對方，聽對方說話，理解對方的意思。與人對話，即時性是最重要的關鍵。儘管現實如此，我們的英語教育卻繼續沿襲舊有的模式，這便是問題所在。

兒子美國成績單上的意外缺點

兒子暑假上課的美國學校，寄來了成績單。

成績單上老師的總結是「這些地方他做得非常好，這一點他還需要努力。不過，指導他的過程中我非常享受，隨時歡迎他回到我的課堂。」

這或許只是場面話，但老師的評語表明他是樂意指導兒子的，這是美式的表現方式，代表兒子是個好學生。

他的級分也不錯，成績採十級分制，兒子是前面數來第二名。在成績單最後，老師還寫上一句評語：「他的缺點是什麼事都想做到完美。倘若凡事都想做到完美，會把自己給累壞的，不是嗎？」

在日本，學生只會一再被提醒自己並不完美，被要求正確寫上句號、仔細標上連接號。沒想到因為無視這些事而被說是壞學生的兒子去了美國後，卻被老師說：「如果凡事都要卯足勁做到完美，你會累壞的，以整體情況來看待問題，會比較好噢。」

這孩子不適應日本學校，和完美集團格格不入，沒想到竟然得到這樣的評語，真是讓我跌破眼鏡。從小做事馬虎的兒子，竟然會被評為「過度要求完美」。

日本和美國的教育差異便是如此巨大。

11

學歷很重要？

曾經那麼優秀、

在班上一直是榜首的同學，

在進入大企業，工作到四十幾歲之後，

整個人變得萎靡消沉。

翻開《成功人士列傳》，幾乎不見「學校秀才」

這十年以來，幾乎不曾看到「學校秀才」出人頭地的例子。我是個科學家，對於「零成功案例」這樣的實驗結果，我也只能予以尊重。這個社會畢竟沒有這麼好混。

在經濟成長的時期，畢業於好大學、進好公司，登上高位的可能性最大。因為那時每個人都有職位。然而，在泡沫經濟破滅，經濟不景氣的現在，已經沒有足夠的職位了。想在自己任職的公司連續幹上三十年，機率趨近於零。在今後三十年的雇傭關係中，一個人大概會換工作三次左右。

每次換工作，你都得推銷自己，但那種時候根本不會有人在乎你是畢業於哪一所大學。現在已經是這樣的時代了。

五十歲以上的人可能會想「如果我念的是好一點的大學，或許就有機會出人頭地吧……」，因為他們在三十幾歲、四十幾歲的時候，經濟正急速起飛，學閥勢力儼然分明。

因此，我能夠理解那些人為什麼會想讓自己的孩子讀好大學、進好公司。因為，那就是二、三十年前的社會風氣。

然而，現在四十幾歲的人可說已經不再有這種想法了，因為世況已經改變。在校成績優異的人，只是加快自己在社會洪流中落後的速度。

據我自己的經驗，我曾經打從心底佩服過某個人，但那人的學歷事實上只有高中畢業。

只要看看那些優秀的經營者，就

能清楚知道成就和學校成績沒有任何關係。我長年擔任經營顧問，近距離見過許多企業高層，我有百分之百的自信敢說這句話。如果現在以五十五歲前後的人為對象，編一本《成功人士列傳》，裡頭幾乎不會看到任何學校秀才型的成功者登場。

譬如，京瓷株式會社（KYOCERA Corporation）的稻盛和夫便是畢業於鹿兒島大學。這個人現在是全日本最有錢的人，人人都說他事業成功。那些畢業於東大的郵政省官僚都只能俯首稱臣，這事實再明顯不過了。

即便是在二十年前，提到成功人士，大眾就會聯想到松下幸之助、本田宗一郎、夏普的早川德次等人。還有，三洋電機的井植歲男。他念到小學高等科（注：相當於現在的國中），幸之助先生則只有小學學歷。本田宗一郎也是小學高等科畢業。便是這批人重建了戰後的日本。

那之後，在經濟快速成長的時代，社會開始重視學歷，超英趕美，世界是跑在前頭的人得勝。但僅限於那個時代，追求學歷是正確的做法。然而，現在時代變化速度極快，透過考試所認定的優秀，在接下來的社會幾乎完全派不上用場。大約從十年前開始的新資訊革命，完全破壞了原本的秩序。只要看一下從去年到今年股票上市的公司，幾乎都是沒聽過的公司名稱。

新的勝利者也完全不像這三十年來的那些成功案例，他們對金融界活動不感興趣，把政府視為敵人。而且，那些成功人士大都對日本政府和支配階級體制很感冒，甚至有人選擇定居香港或法國。

只要看一看近來日本成功人士的名單，便得以證明現在的教育當局和父母的意圖有多荒唐可笑。

學生時代的成績和往後的人生沒有關係

出席高中同窗會時會看見一個有趣的現象。如果只是會費七千日圓，出席的人全都負擔得起。但續攤的費用誰會出呢？會續攤，一定是某人提議：「附近有家不錯的店，我們去坐坐吧。」會做出這種提議的人，不可思議的，竟然大都是從前在班上成績較差的同學。我念的是男校，這種情況可說已成了常態。提議續攤的幾乎都是自營業者。

任職於大公司的受薪族在四十至五十歲左右的年紀，還沒有太多可自由支配的金錢。結果說出「不好意思啊，我不去了」這種話的，竟是從前班上前五名的優等生，真是令人唏噓不已。

結果，和學生時代相比，續攤的時候，雙方立場逆轉。

我在四十歲的時候發現這件事，覺得這個現象很有意思。後段班的學生發展一定就比較好嗎？其實，後段班也分成兩種極端。因此，我想說的不是成績差的學生發展比較好，我想強調的是，在校的成績和畢業後的人生並沒有關係。

而且，前幾名的同學沒有例外都進了大公司，他們現在的工作內容、腦袋裡的想法，大家都半斤八兩，不難猜測。

那些任職於大企業的精英員工似乎也對此有同樣的感覺，最近我經常聽見他們說「我進大公司真是失策」。

我畢業於早稻田大學的理工學部應用化學系，大學同窗會的景況更是一片慘淡。絕大多數的人都是在化學領域的公司上班，以纖維或石油化學公司為主，結果現在大部分的人都不約而同擔任不景氣對策室的室長。三十年前，他們進公司的時候，這一行還是熱門產業，現在他們總算捱到了得以大展身手的年紀，結果就算得以出人頭地，也只能拍拍部屬的肩膀，請他們走路；如果無法得志，就是落得被拍肩膀，自己捲鋪蓋走人。差別就只有這點不同。

我已經不再參加高中的同窗會了。和高中時代相比，雙方的權力關係如今已完全逆轉，這樣的現實實在太悲慘了。現實已和從前出現如此大的差異，為什麼其他人還察覺不到這一點呢？

我有個同學極為優秀，以前一直是班上的榜首，但現在聽他說話實在令人心情萎靡。同窗會上也聽不到什麼開朗的對話，氣氛總覺得有些抑鬱，我便決定不再參加了。

等到再過十二、三年，我們到了領老人年金的年紀，大家的地位或許又會恢復平等。到那個時候，參加同窗會也會變得比較愉快吧。

12

不要用既定思維來思考孩子的未來

夫妻吵架的原因，

有一半以上都是為了孩子，

而親子爭執的原因，

九成以上都是為了學校和成績的事。

全家邊看電視邊吃飯是很不合理的事

現在，為人父母最重要的事，就是試著再次重新審視對孩子的價值觀。也就是說，我覺得現在要以更柔軟的態度來思考孩子的人生選項。

據說，夫妻吵架的原因，有一半以上都是為了孩子，而親子爭執的原因，九成以上都是為了學校或成績的事。如果，父母和孩子彼此都能以更柔軟的態度來思考未來的各種可能性，家庭的紛爭想必立即能減少一半。

家中的話題一直圍繞在學業上頭，除此之外，就沒有其他對話，全家一直盯著電視看。只要孩子成績好，父母便能安心以待；這些不是很病態的情況嗎？

和父母對話時，孩子們絕口不提電玩遊戲、異性、漫畫等自己喜歡的事物。因為只要和父母提起這些事，話題總會回到「功課寫完了嗎？」。也就是說，孩子們認為父母對自己真正想做的事情不感興趣，說話就像老師的密探，與其說他們不認同父母的角色，或許該說，他們完全不把父母視為倚賴的對象。

另一方面，在學校，老師說話也像父母的密探，孩子因此不願與老師進行成人與孩子的對話。

最近，不只是親子之間沒有對話，夫妻之間沒有對話的情況也時有所聞。先生和太太之間，幾乎失去了對話。至於他們吃飯的時候聊些什麼，經常聽到的是夫婦倆就連吃飯時間都湊不在一起。

受邀到別人家裡作客時，我意外發現很多家庭吃飯時會開著電視。因為我平日不看電視，所以對電視格外敏感，每每都對此大吃一驚。在我家，我們會把電視螢幕擋起來，如果不打開起居室的電視櫃櫃門，就看不見電視。更不用說，平時大家用餐所在的餐廳兼廚房是沒有電視的。

特別招呼客人到家裡用餐，晚餐時間卻讓電視開著，這是非常失禮的事，不是嗎？客人不時會瞄電視幾眼，小孩切換著電視頻道，非常容易讓人分心，也會影響對話氣氛的融洽，造成席間的不愉快。

然而，相反地，就是因為夫妻之間沒有對話，親子之間也沒有對話，如果看電視時偶爾發表一、二句評語，餐桌上便有了對話。換句話說，電視就像主持人似的進駐起居室。如果不是這樣，晚餐時段的電視收視率恐怕不會這麼高吧。

我的感覺是，平常電視就像主持人一樣主導著餐桌上的話題，大家不自覺地假裝彼此聊得來，餐桌上共通的話題大概就是特別來賓的八卦或是

節目的內容，涉及彼此的話題勢必愈來愈少。

然而，親子間其實並沒有共通的價值觀，一旦發生什麼事，做老爸的忍無可忍，就對孩子大發雷霆。結果，只有老爸發脾氣的時候，親子之間才會有對話。

我很少聽過夫婦之間可以針對社會問題聊得興致盎然。或許在日本的許多家庭，都已經變成這種模式了吧。

父母最重要的任務是給予孩子「活下去的自信」

八人賽艇是一種眾人合力划槳的競技。現在這個時代，由於河水流動方向不時在變化，因此在賽艇尾端掌舵的人，角色最為重要。

一直以來，在日本因為缺乏對目的地和河水流向不斷變化的認識，始終把重點放在要齊心合力划槳這一點。然而，倘若不看準方向，光是拚命划槳，不過是以更快的速度朝錯誤方向前進罷了。

我希望在家庭中，或該說希望全日本的人民，都能花更多心力議論的問題是「朝這個方向前進可行嗎？」我覺得對「方向的議論」才是我們應該做的事情。對這個孩子而言，未來的生存方式有何種可能？我們應該討論的明明是孩子未來的方向，大家卻總是一味地催逼孩子「你要做得再好一點！有三分就加強到四分，有四分就加強到五分。」

孩子們總覺得父母的方向是錯誤的，他們心裡想著：「照你們說的做，只會一頭撞上岸壁啊。再說，走那個方向就看不見有趣的風景了。」但父母在後頭拍著他們的屁股，喊著：「繼續划，撐下去！」、「你只能繼續向前划。」孩子心裡雖想著：「可是，這邊的風景一點都不美，過程又辛苦，做這種事有什麼用呢？」卻連說話的精力都沒有了。如果他們說了，父母也會威脅他們：「你會掉下船去的。」、「你的下場會很悲慘。」

父母最重要的任務，是給予沒有自信的孩子活下去的自信。「成績不

可以不好」、「考上好大學」、「快去寫作業」，在這一連串的句子之中，有能帶給孩子活下去的自信的話語嗎？我認為一切都得開始於傾聽孩子的想法，把孩子當成一個個人去理解。

如果最後你無法贊同孩子的想法，便告訴他你身為大人的想法。如果孩子仍舊堅持己見，這時「責任」便會移轉到孩子身上。如果孩子說要自己負責，想走自己的路，父母應該給予「祝福」才是。

父母可能會說：「如果是有特別才華的人就算了，像你這種極其平凡的傢伙，就只能靠念書了。」可是明明沒有才華，就算會念書也沒什麼用。出了社會後，像學校成績這類徒有其表的能力是派不上用場的，既然知道孩子沒有學問上的才華，陪他們一起思考沒有才華的人未來應該如何過得好，比較重要。

沒有才華的人勉強去上好學校，可能會陰錯陽差進了好公司。但在好公司裡，沒有才華的人處境只會格外悲慘。因為同事全都是比自己更有才華的人，沒有才華的人在公司裡平步青雲的可能性，可說是趨近於零。

以我自己兒子的情況為例，我的大兒子現在主修化學，但化學家這條路很不好走。要念化學雖是他本人的選擇，但我不認為他可以靠化學這行飯維生。我自己也是念化學出身，也一度以擔任技術人員維生，所以這種情況我還算清楚。

不過，我現在已經不會再對他說這種話了。我覺得「就讓他盡力做到最好，或許也不錯」。

說得明白一點，我其實並不擔心我大兒子的未來。因為我始終覺得，他的長才或許有機會在其他領域派上用場。他待人和善，信守諾言，相當忠厚老實。他喜歡運動，大家都覺得他是個真心待人的人。因此，我覺得他反倒比較適合從事服務業。

技術領域的人進服務業後，也可以活用原本的工作經驗大展身手，這樣的機會並不少。而且他雖是大學生，但花了相當多的時間在鑽研電腦，我想他很清楚新時代需要的是什麼。

雖然他還沒提過對未來的想法，我想等時間到了，我們再慢慢詳談也不遲。畢竟這孩子有「前科」。他以前一直很想當飛行員，這個夢想他整整說了十年，但後來因為高中女友的一句狠話，「把那種照說明書辦事的無聊工作當作一輩子事業的人，我最討厭了！」，他突然決定去念化學系。

明年他即將大學畢業，因此今年是關鍵，我很期待他會如何描繪自己未來的藍圖。我們的建議，要等到他自己先做決定以後再說。

至於次男，他的才華非常特殊，我想他就算不繼續升學，應該也能混口飯吃。最近，反倒是我從他身上學到很多東西，很奇妙的，他觀察世間的目光很冷靜，一點也不像個高中一年級學生。

像我一貫保持著學生氣質，動不動就情緒激動，因此他的看法能供我做為參考，每當我質問他「為什麼？」，他總能回給我出乎意料的有趣答案。因此，雖然他不能像我那樣有要領地搞定學校成績，但是出了社會，我想，他應該可以表現得不錯。

我們夫妻倆經常會進行類似這樣的對話。換言之，我剛才所發表的對孩子的看法，不是我一個人的意見，而是我們夫妻共同的看法。

看出孩子真正的特色和長處，是父母的責任

父母不應該只靠成績來評斷子女，必須從各個面向來觀察。老是拿成績來當話題，不僅一點意義也沒有，而且在破壞孩子的未來這層意義上，可說等同判了死刑。

生活在現在的日本不愁找不到出路。在這個國家，不管做哪一行都不至於餓肚子，因此與其一直悶著頭念書，我覺得還是擁有一技之長比較好。

因為大家都選擇當有職業訓練手冊可參考的速食店店長，像木匠之類需要技術的工作便人手不足。當然，這也包括電腦技能在內，所有的技術今後

仍是必備的。

最好也不要抱定每個人都得去公司上班的想法。每個人至少要有一、兩項過人之處，以及自己值得推銷的地方，這在今後會愈來愈重要。並且，只要做人誠實或待人親切，善加利用自己的這些特質，同樣可以過活。

不過，相反的，進大企業的人要是太正直，可是會難以融入的。那代表你做了錯誤的人生選擇。如果要進大企業，一定是對那些善於攻心計的人比較有利。如果誠實是你的強項，那你最好從開家小店熬起，經營靠客人上門捧場的小生意。

每個小孩都有自己的特色。沒看出孩子特色的父母，只能說是愚人。那些沒有想法的父母會對孩子說：「你就按人生既定軌道一路念到大學，以後總會有出路的。」

從我的角度來看，這是父母放棄了教養責任。

如果一直觀察孩子，一定能發現一、兩個優點。

「你這一點做得非常好，將來如果朝這個方向發展，或許會很不錯呢。」只要父母親這麼提供建議，孩子自然會對該領域產生興趣。如果父母都這麼說了，孩子還是堅持「我不要，我想進大企業工作。」到時候責任就在孩子身上。

就是因為父母不容分說地對孩子說：「進好大學、好公司，是你的命運。」親子的關係才會生變。

13

就算父母反對，孩子還是會做

「如果你有想做的事，就去做吧。」
不管是去飆車，還是喝酒，
如果是兩個兒子想做的事，
我都會讓他們嘗試。

父母禁止的事，孩子愈想做

對自己的責任；對家庭的責任；對公司的責任；如果有能力，更進一步付出更大的社會貢獻。這四個責任是我家的鐵則。

責任，用另一種說法來表示，也是對他人的體恤。察覺到自己並不是獨自一人活在世上，而是生活在與人的互動、與社會的互動之中，並扮演好自己的角色。只要能確實理解這一點，之後要做什麼事，由孩子自己決定；這是我的教育方針。

我對孩子說：「我自己也是以這些原則為基準行事，你們也以這當基準吧。如果你們這麼做，只要我有能力，就算失敗，我也會協助你們。」

除此之外，其他的事我一概不禁止。我沒有定下不可做某件事的規則。如果孩子對我說：「想吸毒」，我或許會深思許久，但養出那樣的孩子，責任是出在父母身上，所以如果是我碰到這個問題，我或許不會說「不」吧。

不過，我和內人從前曾和管弦樂團一起巡迴演出，我們周圍的大學生有百分之八十以上都在吸食大麻，但我們從來不碰大麻，身為「非癮君子」，旅途中，我們始終坐在巴士的前方座位。我有自信兒子們也有這樣的判斷力，因此就算讓他們做自己喜歡的事情，我想大概也不會出什麼問題。

實際上，老二在美國的語言學校上課時，曾有室友邀他一起吸食毒品，結果被兒子氣得趕出房間。

兒子們就算不幸走上歧路，我也

不會阻止他們。我會對他們說：「如果有想做的事，就去做吧。」我會讓他們盡量去嘗試，他們若想加入飆車族也行。或許是因為我理解他們的思考模式，這也有幫助吧。

就是因為父母說「不准去、不准去」，加以攔阻，孩子才會行動。這就和滑雪一樣。心裡想著「好可怕、好可怕」，身體挨近山壁，結果人反倒朝山谷滑去。其實只要把身體倒向山谷方向就沒問題了。滑雪的動作和人的本能思維正好相反，只要把身體重心倒向可怕的山谷，便可以順利轉向了。

這種時候，父母親最好也由著孩子去。這麼一來，孩子往往意外地願意回頭。這種時候，親子之間保持對話是很重要的一件事。如果沒有對話，關係就沒有改善的餘地。就和「奮進號」（Endeavour）太空梭的機械手臂一樣，如果接觸不到對方，什麼工作都沒辦法做。

我認為對話才是家庭中唯一的安全裝置。

父母太過干涉，會影響孩子的判斷力

我也讓孩子們騎摩托車。這麼做當然危險。但我還是會說：「你們就去受個傷回來吧。」然後把孩子放出去。

當然，我讓他們騎的不是一般的馬路，而是林道，就算摔車也不至於有性命之虞。所以，儘管去受傷吧。我自己也受過許多傷。我覺得讓孩子經歷這種事，反倒能養出不會犯下大錯的小孩。

為了不讓孩子受傷，什麼都不讓他做，是最不可取的做法。

「你還是學生，不要交女朋友」，如果加以嚴格禁止，難保孩子不會和第一個交往的女性就犯下大錯。因此，不要凡事都加以禁止。累積許多經驗，可以提高判斷事物的能力，如果缺乏這種能力，人生是無法順利的。

人也是動物，平時不加以練習，事到臨頭便做不好。迴避一切，把孩子養成溫室裡的花朵，他們今後想在變化激烈的世間存活下來，是不可能的。

就是因為父母太囉嗦，干涉太多，孩子才朝相反的方向前行。我自己就是這樣的例子。少年時代，不管是父母的叮嚀，還是老師的提醒，我都一概反抗。

就算父母反對，孩子還是會做。我覺得與其如此，不如以這個事實為前提，讓親子之間的對話保持活絡，這不僅是為了父母好，也是為孩子好。

14

為什麼現在是女性就業的寒冬期

在學校拿到好成績，
對企業一點也不構成吸引力。
有許多女性在舊規則的比賽中獲勝，
但是進入新的「比爾蓋茲世界」的女性，
幾乎未曾出現。

電腦改變了女性的工作方式

現在有許多事業機會。儘管如此，工作機會卻漸漸愈來愈少。那些接受固有教育的人，會漸漸得不到工作機會。

在今天，女學生有半數都找不到工作，這並不意外。因為就算在學校拿到好成績，在企業眼中，這一點也不構成吸引力。

女學生沒有注意到世界已經改變，而且她們就算找不到工作，還有一個有機會「終身就業」的出路（注：暗指結婚。）。

「我也設計得出Lotus Notes系統。」說出這種話的男學生有好幾位，但會說這種話的女學生卻很少見。如果有這樣的女學生，每家企業都會爭相邀聘。這是一定的。

「就算是泡茶工作我也做，請雇用我。」說這種話已經沒用了。就算想以儲備幹部為目標，但這樣的職位今後只會愈來愈少。

就連面試時的服裝，女性彷彿接到「看右看齊」的指令，穿著一模一樣的制式套裝。這或許是因為她們認真讀了一些求職必勝法之類的書籍，參考書中的建議吧，但那類書籍的作者思想還是很老派。現在可是必須把個性和特殊技能當賣點的時代了。

如果有應徵者表示：「只要是電玩遊戲，我什麼都玩。我的本事絕不會輸給男人。」假使面試官是我，我會錄用她。男女的工作內容差異已經愈來愈小，如果還是拿自己的女性身分當優勢，實在是太不合理了。

前幾天，我有機會和一些平日使用電腦工作的祕書談話。席間，我問她們：「妳們之中，有人打過電動嗎？」結果回答「打過電動」的人，在五、六十人裡頭，僅僅只有兩人。

極端地說，可以說今後靠玩電玩遊戲得來的蓄積力，可以決定一個人的社會生存能力。換句話說，在電腦可以連上網路的電子革命之下，根據你曾經接觸這項新科技的程度，你的賺錢能力也會有所改變。

孩子們，尤其是男孩子，對這個快速變化的社會適應能力格外發達。他們用電腦查「特價情報」，從國中開始，透過電腦敏感地抓住社會的動向。可是，他們的在校成績卻不怎麼樣。像這樣的男孩子有很多。

另一方向，女孩子們拚命念書，在學校拿到不輸給男孩子們的好成績。女孩子在教育當局所設計的舊式教育課程獲勝。可是，在新的「比爾蓋茲世界」，現在幾乎還不見女性登場。因為她們還沒有理解到電腦所帶來的優勢。

我對剛才那群女祕書說，今後她們就算在家也可以做祕書工作，結果大家「咦」的一聲，紛紛露出不滿的表情。她們說：「開什麼玩笑？我才不想把工作帶回家。」

「我不是這個意思，就拿請產假來說，從前因為顧慮到公司，只能請兩個月的假。可是，如果使用電腦，可以在家裡完成幾乎所有的工作；孩子們去上幼稚園的時候，妳們希望早上十點上班，或是在下午四點前下班，現在妳們的願望有機會實現了。換句話說，在真正的意義上，電腦可是從時間和地點的限制解放了女性，是個很棒的工具。」聽我說明之後，大家的眼神都變了。

譬如，要影印五份資料，只需坐在電腦前下達指令，印表機便會為你代勞。不需要每次影印都要跑到影印機前面排隊。

而且，如果彼此的電腦都透過網路相互連接，公司裡有架設「區域網路」的話，只要指定影本的送件位址，毋需使用紙張影印，文件便能瞬

間傳送到對方的電腦。

要對公司外部的人發送傳真也是一樣，透過電腦裡內建的傳真功能，下達要傳發給誰的指令，傳真當下便能完成。這麼一來，所有人都可以從以往那些單純的作業解放——我說到這裡，祕書們又緊張地說：「這下我們不就要失業了。」

然而，這就是現實的情況。現在，在美國的公司，擁有私人祕書的人已經很少見了。女性如果不同樣以高級主管的職位為目標，在職場上便沒有立足之地。

有些世界不是以「男女差別」，而是以「能力差異」來評價一個人

不同以往的恐怖世界就近在眼前，而女性的競爭對手——男人，在國中、高中的時候已經對「電子革命」累積了相當可觀的訓練。透過電玩遊

戲，雙方的程度已經確實拉開。

而且，諷刺的是，在這個網際網路社會，首次實現了一個沒有男女差別的美好世界。因為不知道在電腦螢幕另一端的是男是女，所以使用者不是以「男女差別」，而是以清楚的「能力差異」來評價對方。

在美國能夠架設基本網路的人才隨處可見，但在日本依然非常稀少。看看現在網路的服務供應商，都是外國人才在努力，可見這個領域還有許多工作機會。

現在，和美國企業相比，日本企業在這方面落後了超過十年之久。如果日本不能適應新時代，會有日本以外的國家取而代之，好比新加坡和印度。這就是在自由主義社會之下的競爭。

女學生之所以無法就業，是因為她們這樣的「種族」正在被淘汰；因為她們缺乏企業所需要的特殊技能。從企業社會的邏輯來思考，這也是當然的事。

儘管如此，女性的就業困難卻被當成性別問題處理，以致漸漸看不見問題的本質。如果有特殊技能，不會有公司不聘請妳的。如果是會錯過擁有特殊技能的員工的企業，那種企業遲早會消失，進這樣的公司工作也不會有前途的。

至於要如何開發特殊技能，顯而易見的，在企業社會，電腦是最有用的技能。日本在這個領域的開發非常落後，只要是企業人，應該都已經注意到這是最大的癥結，現在這類人才嚴重供不應求。一般公司現在還處於石器時代階段，只要會電腦，這行飯至少還可以吃十年。

沒注意到這一點的人，是教育當局和父母。照理說，父親在公司應該清楚這樣的狀況，但回到家後面對自己的孩子，卻又說出矛盾的話，「你就照學校說的，好好念書」，實在令人難以置信。現在，能夠從文部省的「洗腦頭盔」中拯救孩子的人，就是父母了，也就是說，教育絕對不能把家庭排除在外。

要期待教育臨時調查會等團體針對這個問題提出根治良策，以現在的速度，恐怕要等到二十一世紀才會實現。與其期待教育當局，不如由自己的家庭開始做起，和家人一起思考在二十一世紀生存的對策，才是明智的做法。

我是經營顧問，至少這點我可以斷言。如果現在有個女學生說：「在電腦程式設計這一塊，我絕不會輸給任何人。」想雇用她的人一定很多。但如果她是在學校乖乖聽老師話的「好孩子」，企業則不會理睬她。現在這時代，就算把在學校習得的全部知識全都加在一起，只要一個五千日圓左右的記憶體就裝得下。

在這個時代，要活下去，不是靠知識，而是要靠特殊技能。

現在這時代，女性也必須從新的觀點重新審視自己的工作，靠自己的能力生存下去，思考讓自己幸福的方法。

15

無法發揮領導力的日本年輕人

和中國或韓國等亞洲友人一起玩之後，
如果突然被要求每人以英語
發表十五分鐘的演說，
日本年輕人能夠不怯場嗎？

為什麼日本人不能主張自己的意見？

如果拿日本年輕人和世界各國的年輕人做比較，日本年輕人決定性的弱點，應該是領導力的發揮吧。

日本年輕人給人的印象誠如文部省教育「成果」的忠實重現，他們雖然可以用三種不同的方式來證明畢達哥拉斯定理，但要是把他們一個人丟到世界的某個角落，大部分的人恐怕無法做出任何明確的主張。

假使現在韓國、中國、日本三個國家的中學生或高中生全都在一起玩。當遊戲結束後，突然被要求各自用英語發表十五分鐘的演說，大部分的日本年輕人幾乎都做不到。

為什麼他們做不到？因為學校裡並沒有可供學生自由發問的氛圍。那些能夠立刻記憶、吸收老師教導內容的學生被評為優等生，學生自主性的幼芽被壓壞了。然後，在經過十幾年的學校生活後，腦細胞都變得僵化了。

在這段過程中，他們完全沒有養成這樣的思考邏輯：自主思考，把自己的想法表達出來；如果遭人反駁，再重新組織思慮，表達想法。

結果，當日本學生遇到有人反駁自己的時候，情勢發展往往容易流於「二選一」，他們的反應不是惱羞成怒，就是立刻附和對方的意見。

這樣的結果導致日本人心中就算有疑問也無法發問，就算有意見也無法表述，這成了日本人的集體特色。

如果無法率先表述自己的意見，更不用想要與其他人議論，說服其他

人，在眾多異國人士之中發揮領導力了。

放眼世界，沒幾個國家比日本更得天獨厚，無論在經濟上、文化上都具備了供領導力發揮的條件。

而且現在三十、四十歲的這一代，已經將促成戰後日本發展的經驗法則嚴實地學起來，照理說，他們的能力應該足以去協助開發中國家發展經濟。可是日本人「獨善其身」的心態太強了，實際上這麼做的人極少。

那些青年海外服務隊或NGO組織也一樣，無論走到哪個國家，日本人就像政府派遣過去的部隊，難以自主展開活動。等到政府領頭積極作為，又有人會問「假日有幾天？」、「可以帶家人同行嗎？」，流於工作條件的討價還價。這是因為我們對於義工活動的概念還沒有成熟。

得天獨厚的人必須承擔「noblesse oblige」（法文，「伴隨身分而來的道義義務」之意），我覺得國人應該要更具備這樣的自覺。

必須和亞洲朋友用英語溝通的時代

光是思考英語教育，以現在日本的做法，無法培養出足以擔當世界領袖的人才。現在是必須和亞洲朋友用英語溝通的時代，去中國談生意使用英語已是趨勢，不會說英文、無法以英語與對方溝通，會是嚴重的弱點。

新加坡在十五年前把英語定為官方語言，馬來西亞最近也把馬來語和英語同時定為官方語言；這是劃時代的做法。把英語定為官方語言的這些亞洲國家，想必可以輕易地與網路世界接軌。

在二十一世紀，如果不隨時透過資訊網與世界各地的人交換情報，會漸漸失去生存空間。至今為止，這樣的行動僅限於部分企業或是精英官僚，但在今後的社會，這種做法是不行的。因為「世界」將會進入家庭中。到時要使用的語言，絕對是英語。

如眾所周知，台灣是英語通行的國家。年輕世代以英語能力見長，就連從前是說日語的老人家，現在英語能力也漸漸加強。

在韓國，英語也在急速滲透。我去延世大學演講的時候，對方要求我「請以英語發表演說」。一直以來，我在韓國演講時向來是以日語發表，所以當時我在心中驚嘆了一聲，但看底下的聽眾，包括學生在內，大部分的人並沒有戴上翻譯耳機。

我在非英語系國家以英語演講的時候，一開始會先說個笑話，以測試聽眾的語文能力。藉由聽眾的反應，直接衡量有幾成的人能理解我的話和我的語氣。因為如果不懂一種語言的修辭，便無法理解笑話的內容，笑話就像石蕊試紙，拿來做測試很方便。

結果在延世大學，當我的笑話一說出口，學生們頓時哄堂大笑。延世大學在日本大約是慶應或早稻田大學的等級，是私立大學的龍頭。在場約一千名聽眾同時大笑，代表他們對英語的理解力幾乎接近於一些世界大國。我對此很意外，因為從前我在韓國沒碰過這種情況。看來或許韓國年輕人的英語能力已經趕過日本。

16

打造活躍於世界舞台的人才

思考日本國際教育的時候，

首先，要與「把人才視為貿易立國工具」的教育方法訣別。

希望學校能教導學生

做個好家庭人、好社會人的重要性。

你心中存有對母校的感謝嗎？

美國印地安那州的聖母大學授予我名譽博士學位，前幾天我去參加了紀念演講會。這場演講會是為大學校友舉辦的紀念活動的一環，眾多校友把會場擠得水洩不通，大家的熱情令我很感動。

聖母大學是私立大學，畢業生的捐款占學校營運成本很大一部分，據說捐款金額目前為止已高達一千億日圓。然後，他們計畫要在二〇〇〇年之前再籌措七百五十億日圓，因此在這場紀念活動中大張聲勢。

日本的大學究竟能募到多少捐款呢？順帶一提，東京大學一百周年的校慶募款活動，募不到三十億日圓。花了這麼多國家經費培育人才，學生卻對母校沒有感情。「我是靠自己的能力畢業的，學校沒有關照過我。」總不會學校就只讓這類討人厭的學生畢業吧？

日本的大學能募得像樣金額捐款的，頂多就只有慶應大學，聽說他們曾經募到一百億日圓。

聖母大學絕對稱不上是超一流大學，儘管如此，卻能募得如此高額的捐款。

和畢業生談話之後，令我感到大為驚訝的是，他們對母校所懷抱的強烈感謝。

「他們把我教育成一個更好的人，我希望我的兒女也能進這間學校就讀。」許多畢業生都抱持著這樣的期望。

在日本，畢業生會對母校懷抱如此深厚的感恩之心嗎？

學生們艱苦地捱過聯考地獄後，產生能入學全是靠自己能力的錯覺。然後平日也不去課堂上報到，理所當然地拿學分畢業。對父母的辛勞、老師的可貴，一點感受也沒有。和學校也沒有人情味的互動，把一切都當成自己應有的權利。

像這樣的人到國外，能贏得別人的尊敬嗎？我們該不會養出了非常頹廢的一群人吧？

如果對在母校接受的教育懷抱感恩之心，自然會產生想捐款的念頭，以提供學弟妹更好的學習環境。之所以無法催生這種念頭，只能想成是因為教育本身有缺陷。

「語文能力＝國際溝通力」並不成立

經常聽到有人說：「從日本人身上減去國籍和公司，就什麼都不剩了。」可是，我們在變成日本人、公司人之前，本是一個人，一個家庭人，一個地球人。然而，日本的教育卻沒有教導學生這些事，家庭裡也很少強調這樣的事。

為了今後日本人在世界也能吃得開，在思考國際教育的時候，首先，要與「把人才視為貿易立國工具」的教育方法訣別。學校應該把重點放在價觀的教育，教導學生成為一個好家庭人，好社會人，以及好地球人。

經常聽到反對道德教育的聲浪，那是因為戰前的道德教育太過強調對國家的愛國心，自然會有人反對。現在重要的是要愛地球、土地、社會、家庭，國家不過只是對象之一。不愛自己生長的國家是件悲哀的事，但相反的，如果教育只強調愛國心，是一件可怕的事。

知識只要學到讓自己在畢業後的幾年內不愁溫飽的程度，便已足夠。反正不管在學校學到了多少知識，很快就會忘記，但就算忘了，利用參考資料、網路等電腦資訊，立刻就能查得到。

國際教育的基本，是對價值觀的理解。沒有一個人是靠自己的力量長大的，生活中我們會接收到許多人的幫助。

沒有這種價值觀的人無法成為活躍於二十一世紀的領導者。剛才也提到了英語溝通能力的問題，但即使在技術上修得這些能力，如果不能理解人性，不可能靠討論說服對方，讓對方改變行動。對方只會說：「他的話技術上都正確，但我就是不想和他一起共事。」

領導力不是故作姿態。傾聽，觀看，把自己心中生出的想法表現出來，得到對方的理解；這就是領導力。

先從你的家庭改變起

發覺世界上某些國家的人民生活困苦時，感到自己出生在不會挨餓的日本是件幸福的事，於是願意對那些國家伸出援手，這樣懂得感念與付出的人才，是我很想培養的。

心。

在日本國內也是一樣，我希望國人能對家人或母校誠摯地懷抱感恩之心。

如果不靠教育培養出這樣的心態，世界便無法理解日本，日本會受到抨擊，無法再更上一層樓。

那麼，日本又有誰能進行這種價值觀教育呢？這不只是教育的問題。然而，只要教育不改變，社會絕不可能發生巨大變化。

現在的問題是，每個人要如何展開行動。就算其他人沒有行動，或許可以從自身的家庭或是學校環境開始做起。

我認為，改變的突破口首先就在家庭。

17

兒子被當成「老外」欺負

兒子們非常討厭引人注目。

那種反感，

或許是出自身為跨國婚姻犧牲者的他們，

切身感受到的危機感吧。

日本人在無意中抱有的偏見

我們夫妻談複雜的事情時，為了不讓孩子聽到，會選擇用英語交談。

妻子認為，必須先讓孩子從日語或英語之中挑一種語言，建立頭腦的回路，讓孩子先扎實的學好一種語言。雖然對妻子有些吃力，但她平常和朋友對話也是用日語交談，便決定選日文做為家中語言，她和孩子說話時全程都使用日語。所以，兒子們的英語無法說得如母語般流暢。

兒子們五官長得像外國人，在幼稚園裡很引人注目，他們只因長得和普通的日本小孩不一樣，老是被同學欺負。

當時我們住在橫濱的白樂，我帶他們去附近小孩經常聚集遊玩的六角橋公園，結果在公園玩的小孩喊著「外人、外人」（注：日本人在口語中習慣將外國人〔gaikokujin〕簡略說成「外人」〔gaijin〕）。但因日本文化將自家人與外人分得很清楚之故，「外人」在另一個層面，也有「非我族類」的雙關含意），引起一陣騷動。在習慣以前，我親身感受到頂著與眾不同長相的人要在日本長大，是多麼辛苦的一件事。

我討厭「外人」這個字眼，我自己是使用「外國人」來稱呼。「外人」帶有「外面的人」的意味，接近歧視用語。我覺得這就和韓國人用「倭人」來稱呼日本人沒什麼兩樣。

不過，兒子們雖然被說是「外國人」，但他們其實並不是。他們有日本護照，是如假包換的日本人。畢竟本人們連英語都講不好。

可是無論他們如何極力解釋「我才不是外國人」，還是成天被欺侮。因為這些經驗，他們變得非常厭惡受人注目。

另一方面，這些話應該算是讚美吧，有些人看到他們會說：「那孩子是混血兒耶」、「混血兒小孩好可愛啊」。

不過妻子憤慨地說：「這也是偏見。說他們是『half』（混血兒）是什麼意思！他們身上有日本人和美國人的優點，應該要叫『double』吧！」妻子經常為此抗議。

從這些童年經驗，孩子們對日本人在無意中抱有的偏見並不陌生。他們在法國和美國從不曾碰過這種經驗。用「外人」來稱呼別人是絕對不應該的事。做父母的應該告訴孩子「不可以這麼說話」，但是在日本，做父母的自己也偷偷壓低聲音「外人、外人」地叫。

「老爸，你絕不能把我們全家出國玩的事寫進書裡。」

在金融圈裡，現在還有人妄自尊大地使用「毛唐」這種字眼（注：用來指稱髮色奇特之人或是外國人，一種歧視用語。）；也有很多不識相的人會把跨國婚姻子女稱作「雜種」，又不是在喊小貓小狗，但這就是實情。這或許是自卑感的補償心態表現，但他們對國際觀的欠缺程度，不僅令我生氣，甚至讓我覺得可悲。

在日本，因為在家庭中沒有施行不可以歧視外國人的教育，以致還有人滿不在乎地在使用不禮貌的字眼。如果想建立更均衡的無偏見社會，不從家庭教育開始重新打造是不行的。因為這種事學校沒辦法做，所以必須在家庭實行。

兒子們的髮色接近金色，外表十分引人注目，上小學後還是經常被欺負。再加上，他們的父親也不是尋常人，動不動就帶家人出國度假。出國的事如果被同學知道，他們又會被欺負。

一直要到孩子們長大了，我才能把全家一起到國外旅行的事說出來，當時孩子們經常警告我：「老爸，你絕不能把我們放假去加拿大、去澳洲玩的事寫出來。我們在學校會被欺負的。你就說我們在家念書，或是去迪士尼樂園玩，寫這種事就好，其他的事你絕對不能說出去。」

還有，如果在餐廳受到不合理的對待，我會明確地向店家申訴，可是每當我轉過身，孩子們全都不見了。因為他們不喜歡父母提高嗓門和別人爭吵。

從他們懂事開始，一直到長大成人，兒子們經歷過許多複雜的體驗，因此他們對「歧視」這件事非常敏感。

不能對別人抱持偏見，在我家，我們經常會就這件事進行討論。

我們對用字遣詞很留心，也經常在餐桌上討論身為日本人應該抱持的價值觀。

18

不後悔的生存方式

老爸在七十四歲時過世，

他在世的期間，

我為他做了所有自己能力所及的事情。

盡可能帶老爸一起出國旅行

經常聽見有人悲嘆「父母在世的時候，要是能為他們做這件事就好了，如果能帶他們去那裡玩就好了，真是遺憾。」但我在父親離世時，並沒有嘗到這種後悔滋味。我父親在距今十年前過世，享壽七十四歲。

父親在世的時候，我把能為他做的事全都做了，因此在他過世時，我連一滴眼淚都沒掉。我當時心中滿懷感謝。從前父親離開長崎縣的對馬市，前去東京，離鄉征戰，然後不辭辛勞地把我們三姊弟拉拔長大。

我希望父親安詳長眠的心情比較強烈，反倒沒什麼悲傷的情緒。我當時的心境應該是非常遺憾父親壽命不長，但心裡並沒有一絲憾恨。

父親家系尊崇的雖是淨土真宗，但我當時的心情比較接近莫扎特的〈安魂曲〉，因此我不是播放經文，而是以這首曲子來弔祭父親。

他的晚年生活，我們盡量讓他隨心所欲地過日子，也盡可能帶他一起出國旅行。有一年，因為某家航空公司的飛行里程累積到九張免費的夏威夷來回機票，我帶著一家老小出遊。

我們去菲律賓潛水的時候，父親剛動完腦瘤手術，大病初癒，而且年過七十，但他還是和我們一起出遊。當我們潛水的時候，曾經出征南支的父親，一臉懷念地眺望南方的海洋。

父親非常熱愛故鄉對馬，不管帶他去哪裡，他總是說：「這裡和對馬真像啊。」無論我們去夏威夷，還是菲律賓或伊勢志摩。特地帶他出遊，聽他說這種話實在是沒勁，但我把這

解釋成他表現喜悅的最高級說法。

後來有很長的一段時間，父親頻繁進出醫院，但趁某次短暫出院的時候，我又帶他出了一次國。老爸想做的事，基本上我全都為他做到了。

我是個荒唐的兒子，老媽想必吃盡苦頭

我老媽今年七十八歲，我對她說過，她想做什麼事儘管去做，不要留下遺憾，並贊助她資金，因此她一直玩得相當闊氣。她每年一定會和朋友參加一次或兩次的遊輪旅行，搭船去北歐、地中海等地方，足跡遍足全世界。

她每次都說：「這是最後一次了，就當作是給我帶上黃泉的禮物。」去年她才剛去了阿拉斯加。我調侃她：「每次都說是要帶去黃泉的禮物，妳帶得了這麼多嗎？」她笑著說：「我已經裝了滿滿一行李箱，再也裝不下了，我這麼長命，真是抱歉啊！」本人雖然這麼說，但現在在日本，七十八歲根

本算不上是高齡，我希望她能繼續健康地活下去。

我把自己上過的所有雜誌，全都影印寄給母親；因為我和母親分隔兩地居住，所以我不時會去找她吃飯；因為她不能操勞家事，我便幫她出幫傭的費用；聽說我對母親的盡心盡力，有時連姊姊都吃味了。

母親長期在合唱團唱女高音，我一直很支持她；聽說她的撕畫老師要在紐約開畫展，我也提供她「獎學金」，讓她和老師一起去。

不管是興趣也好，還是做社會奉獻活動也好，我深切地希望母親能有自己的世界，認為自己活著是件好事。

我的父母在戰爭時期養兒育女，一直過得十分辛勞。尤其我又是個荒唐的兒子，想必讓他們吃盡苦頭。

那段過往，我已經不太記得了，但姊姊佇子出了一本《大前研一不愛上學》，那段過去成了眾所周知的事實。壞事總是忘得快，高中時，我有段時間不去上學，這本書讓我回想起當時老師、朋友和父母給了我多大的幫助。

對母親而言，養育我的那段日子想必就像置身地獄吧。因為父母和老師的教誨，當時的我一概反抗。

也不能說是為了補償，但為了讓母親留下「雖然有過一段苦日子，但也曾發生不少好事。好事、壞事平衡一下，接下來，我就過自己喜歡的日子」的印象，我一直相當用心地侍奉母親。

我對待內人也同樣很用心。老二去美國留學，家中空出一個房間，她說想當作自己的書房。她從很久以前就說自己也需要一間書房，但房間被孩子占去，一直無法如願。

我問了妻子，想要什麼樣的書房，沒叫她自己處理，而是陪她一起去家具店，和她一起討論，幫忙挑選家具。兒子短暫回國時，發現自己的房間不見了，相當震驚，但房間改造得相當不錯。

父親、母親、妻子，以及孩子們，為了盡可能讓每個人都實現他們的願望，我一直為大家提供協助。

19

夫妻間的平等關係

有些先生回到家發現太太不在，
心裡會不高興，但我一點都不會。
如果太太玩得很開心，
這不是很好嗎？

我是「不必費心伺候的丈夫」

妻子從太太們的聚會回來後，對我說：「別人家的先生很難伺候，做太太的很辛苦。」一看樣子，我似乎是屬於不必太費心伺候的丈夫。

雖說我不必妻子費心伺候，但內衣褲我不會自己洗，所以多少還是需要妻子費點心，但我不會一回到家就喊：「喂，給我茶。」擺出一副傲慢的態度。

妻子去旅行的時候，我會自己料理三餐。這種時候，她會先做點準備再出門：把一餐份的米飯做成飯團，用保鮮膜包起來，然後在冷凍櫃裡冰了好幾餐份。

我把冷凍飯團放進微波爐，加熱四分鐘，白飯就做好了。我會配自己喜歡的醬菜一起吃。我還有自己的獨門配方，就是加進朝日堂的鮭魚、永谷園的醬茶，以及在韓國買來的海苔。

光是這幾道菜，我的早餐就很享受了。不管妻子在不在，我都這樣吃。在這層意義上，我或許真的不必妻子費心。

不過，我在家想事情的時候，有時突然想吃點什麼，妻子便會端水果之類的來給我。我並沒有拜託她「給我準備點什麼」，或許這就是多年一起生活的默契吧。

根據太太們彼此間的談話，有的先生回到家，看到太太不在，心裡會不高興。不過，像我的情況，我會想，妻子也有她的事情，她不是那種

會故意趁我早回家時晚歸的人，會拖到這麼晚，想必是有重要的事吧。

如果等了很久，她還沒回來，我會自己料理東西吃，或是到附近的食堂吃飯。

我們夫妻倆每個月都會拿出月曆，和對方確認自己的行程，也把對方的行事曆全部記下來，不僅如此，我的祕書每星期一定都會把我的行事曆送到家裡。

儘管如此，有時我突然早歸的時候，妻子可能不在，或是我忘了自己告訴她今天會出門。我也曾沒吃飯等她，一直等到晚上十一點。當時，我也沒有特別生氣，只是覺得「啊！她回來了呀。」她和朋友一起出門，如果她玩得很開心，那不是很好嗎？

妻子很重視朋友。她有幾位非常要好的朋友。加上她還學了竹笛、橫笛、豎笛、書法和劍道，光是應付這些才藝課的社交活動就忙得不可開交。此外，她還參加了「草之會」等婦女聚會，交友之廣，連我都自嘆不如。

如果先生希望自己回家的時候，太太一定要在家，那當太太提出同樣的要求時，先生也必須比照辦理。這才公平。如果太太沒有提出這種要求，我覺得先生也不能要求這種事。

仔細想想，我也曾好幾次向妻子交代「我六點會回家」，最後九點才回家。或是和朋友去喝酒續攤，結果十一點才回到家。那種時候，妻子因為替我準備了晚餐，所以表情有些不開心。不過，這也是莫可奈何的事。

所以，如果是妻子和朋友出去，玩得非常開心以致回來晚了，我也沒有生氣的理由。我的想法是，人生很短，擁有開心的時間很重要。

這種情況，雙方的權利如果不是完全對等，是很不公平的。簡而言之，我覺得夫妻要處在完全平等的立場。

關鍵不在於來自什麼樣的家庭，而是想打造什麼樣的家庭

孩子還小的時候，妻子經常拜託我：「我今天很忙，你來帶孩子。」當然，這種時候一般她會先問過我母親，但如果是奶奶無法幫忙的緊急時刻，就輪到父親出場了。

「廣樹今天會在家。我去聽演唱會不在，你要看著他，陪他一起吃飯。」妻子拜託我的時候，我會盡可能照顧孩子。就算我有其他的工作，我也會陪孩子。

我絕不會說：「妳在說什麼，我可是很忙的。」因為我時時留心著要「公平分擔」。

我老爸是九州男兒，老媽平時一直都在忍讓。雖然我出身自男權強勢的家庭，但這對我打造自己的家庭幾乎沒有帶來影響。

與其要說老爸做了什麼事，不如說，他眼中只看得見自己想要的人生。

但關鍵不在於我父母是什麼樣的人，而是我自己想過什麼樣的人生。所以我也不會拿自己和其他人比較，但是最近妻子感觸良深地對我說：「回過神來，我發現自己還真是幸運呢。」

我也因為妻子的幫助，就算不自己讀英文報章雜誌，也能獲取新的資訊。因為如果有有趣的新聞，她一定會在早餐時間向我報告。妻子是個大書蟲，彌補了我不愛閱讀的缺點，在家時，我們也因此不缺話題。

我們想打造什麼樣的家庭？想過什麼樣的人生？我們的夫妻關係，便是我們拚命思考這些問題所得出的結果。

20

把煩惱全部清除

沒有一個問題可以靠煩惱解決。

只能一項一項

去處理眼前的挑戰和待處理的工作。

我努力做個「不煩惱的人」

煩惱基本上是會顯現在臉上的東西。只消看一眼老婆的臉，就能清楚看出她今天發生了什麼事。上前關心一下，原來是小孩打架了，或是婆媳問題，原因有很多。

看見妻兒煩惱痛苦的時候，身為丈夫，身為父親，我會問清楚他們在煩惱什麼、希望怎麼做，然後我會盡可能伸出援手。

不過我自己並不會煩惱。不去煩惱是我的處事方針。

企業顧問就像是為公司診治的醫生，工作內容是分析企業的問題和煩惱，並加以解決。企業可是付了高額酬勞特地聘請顧問，洽詢的問題自然不是人人都能解決。就因為問題不容易處理，企業才會來委託我們。

當然，有時也會有業績良好的公司希望提高營收、擴大發展，前來找我們商量，或是想徵求第三者的意見，委託的內容五花八門，但大部分的案子是企業已經走投無路、希望我們想想辦法，情勢很嚴峻。

面對形形色色的問題，事實上，沒有一個問題可以靠煩惱來解決。除了搜索枯腸以外，沒有其他解決良策。煩惱既不能有任何助益，光是煩惱，也不會有好點子突然冒出來。既然認清這一點，我便訓練自己不煩惱。

我之所以做出這個決定，是因為一段從高中橫跨到大學的感情問題，讓我留下陰影，在ＭＩＴ的三年刻苦留學生活也有影響。對當時來自有貨幣危機的日本留學生而言，那可是個搞砸考試就只能自殺的嚴峻世界。

我的學費和生活費都是由ＭＩＴ支付，如果我成績不好，可是連回日本的旅費都沒有著落，生活便是如此刻苦，沒有退路。現在恐怕無法想像，當時我連電話都不能打，留學途中想要短暫回國，更是連做夢都不敢想。真的是如字面上形容的，我是抱著赴死的決心，與日本「交杯飲水作別」（注：永別或長期分離時以茶代酒，互相飲水告別）赴美。

在極端嚴苛的局勢，把自己逼得退無可退的時候，無論你再怎麼煩惱，也不會有人為你開路。當時我體會到，我只能一項一項地去解決眼前的挑戰或工作。

與其煩惱不已，不如去思考該如何解決問題。當時努力的結果，便是我現在成為一個不煩惱的人。

不把公司的問題帶進家門

特別是進麥肯錫之後，我身上隨時都背負著重大問題，這種狀態已經成了常態。我對關西客戶的問題感到很煩惱，回到東京後，又有其他的煩惱等著我。如果我把這些煩惱都背在身上，自己都會吃不消。

為了避免這種情況，我會在腦袋裡想像電子計算機的ＡＣ鍵，只要按下去，煩惱就會全部消除，我練成瞬間忘記那些事情的特技。然後，等到過一段時間，再冷靜下來，思考解決對策。

而且，只要踏出公司一步，我就會忘掉工作上的煩惱。當我抵達家門的時候，我的腦袋已經清空了，切換到與家人相處的世界。我極少把公司的問題帶回家裡。

不過，當我在麥肯錫工作非常忙碌的那段日子，妻子好幾次曾對我說：「看你今天早上的眼神，像是人已經到了公司。」一早開始，我就在思考今天工作的排序，結果吃早餐的時候，心思已經完全飄到公司。我記得也發生過這種情形。

但是，我也不是滿腦子成天都是

公事。我的妻子很早婚，常為了很多事哭泣、煩惱。

碰到這種時候，我會對她說：「妳想哭，就盡情哭。不過，哭也不能解決問題，告訴我，妳希望狀況怎麼改變，怎麼做才能讓妳開心。只要妳告訴我，如果我能幫妳實現，我會盡可能協助妳。」

從前，雙方情緒一激動，我們也經常吵架。不過，就算當下很生氣，我一定會在下一秒就把吵架的事忘掉。

有人的錢財留不到隔天，而我是不把怒氣和煩惱帶到明天的人。

21

家庭是一切的出發點

如果不能打造出自己認可的家庭，

就代表夫妻倆的第一個事業以失敗告終。

就算你在公司飛黃騰達，

也不過是無根的浮萍，

沒什麼意義，不是嗎？

家庭中的各種試練，可以使自己成長

兩人共度人生，養育孩子，建造家庭。我想，這或許是我此生僅此一次的機會吧。我有點難想像自己會再擁有另一個家庭，實際上也不可能。

像我的情況，像是著作之類，我有許多自己創造的作品，也開過公司。可是，在我做過的事情裡，我認為最重要的是我的家庭。家庭是最基本的單位，最能清楚反映出打造者的個人價值觀。

如果自己的家庭關係都不穩固，還想出去讓日本變得更好，把公司經營得更好，把客戶的公司整頓好，我想恐怕是沒辦法的事。

家庭不順利，我覺得就像到頭來自己這個人被全面否定。回顧自己的婚姻生活，實際上，孩子很多時候需要費心照顧，過程中也不都是一帆風順。但相反地，這也代表還有改善的空間，對我而言，這可說是一種試練。

我家是跨國婚姻，如果置之不理，關係絕對不會順利。一開始我們也沒有心照不宣的默契，如果不付出努力，婚姻絕對會搞砸。

譬如說，朋友來我家作客的時候，妻子問：「要不要喝茶？」結果對方回應：「不用麻煩啦。」但她無法判斷對方的真意，不知道對方是表示「謝謝你費心準備」的意思，還是指「不用為我準備」。

如果是日本人，嘴上雖然說「不用費心」，但如果主人端茶出來，最後還是會喝。妻子無法理解日本人的這種曖昧態度，一開始為此非常苦惱。

雙方的文化背景不同，生長環境也不一樣，很多時候自己認定是常識的事情，對方不一定知道。

但是，只要把這想成是讓自己成長的機會，正因為雙方不會配合對方敷衍了事，更可能得到更大的成長機會。

我不是企業顧問，是婚姻顧問？

我覺得家庭是一切的出發點。不管其他事情做得多完美，如果不能打造出自己認可的家庭，就代表自己的第一個事業是失敗的。就算有幸在公司飛黃騰達，或是出版的書籍賣得很好，也沒什麼意義，不是嗎？

妻子對家庭重要性的理解，也和我的認知相同。她從二十多年的經驗得知，如果要和我辯論，自己在口頭上說不過我，所以當她無論如何都想主張自己的想法時，她會寫封信留在

桌上，迫使我不得不讀。

信件是種奇妙的東西，只要讀了開頭，就會忍不住讀到最後。我們每次吵架，只要我中途插嘴，強勢丟出一句：「妳這論點太奇怪了。」妻子就說不過我。為了不演變成那種狀況，妻子以經驗法則開發出這種明智的方法。

讀了信之後，我也同意她的看法，一旦產生認同，我的態度也會為之一變。結果到目前為止，演變成這種局面的爭論，最後幾乎都是妻子獲勝。

麥肯錫在全世界都有分公司，我也看過很多家庭。每個國家離婚率都很高，大家都對此束手無策。公司裡位處總監職位的，全世界大約有一百二十至一百三十人，其中有半數以上，在我們來往的二十年間離婚了。

每次出現這種狀況，很多人會來找我商量家裡的事。說起來，我還挺像以全世界的夫妻為對象的婚姻顧問呢。徵詢我意見的人不只是先生，我也會和太太見面，聽她的說法，幫他們想想有沒有修復關係的方法。

我也給過社長許多建議，勸他與太太重修舊好。他對我說：「我想暫時拋開束縛，恢復自由身。」我便勸他：「這也不錯，不過要記得回頭。」

「家庭價值」的重要性

家庭經濟狀況好轉的時候，離婚率會增加，這可說是普世共通的現象。就算夫妻同是知識份子，最後也可能因為覺得無趣而離婚，導致家庭破滅。這時候孩子就倒楣了，因為小孩無法選擇父母。

為什麼會有這麼多對夫妻決心走上離婚這條路呢？因為一旦認定情況無望，事態便會漸漸朝不好的走向發展。這種事在東西方都一樣。看過很多例子後，我自己的感覺是，當事人在經營改善既有的關係上不夠努力。

美國的結婚伴侶有半數離婚，在日本「家庭內離婚」——法律上沒有離婚，但是夫妻之間幾乎完全沒有對話——的情況也增加非常多。

在這個時間點，或許已經到了該重新審視家庭定位的時期，家庭是基本單位，是自己成長的地方，是孩子成長的地方，是夫妻成長的地方，以及全家共同成長的地方。

美國也開始強調「家庭價值」。前總統老布希強烈主張家庭的重要性。橫跨雷根、老布希，兩任三屆的總統都很重視家庭價值。尤其是老布希和芭芭拉伉儷，我覺得他們是一對非常好的模範夫妻。如果這類總統的執政可以再持續一個世代，家庭價值在美國或許會更受到推崇。

我覺得柯林頓在這一點上便欠缺說服力。希拉蕊和柯林頓頭腦都很好，但給人的感覺偏重「知性」，價值觀上和我比較沒有共鳴。

在日本，政治領袖很少會強調家庭價值。但是，現在學童拒絕上學和家庭暴力問題漸漸浮上檯面，家庭因素也是那些問題的原因之一，如果不把家庭價值放在中心，要怎麼解決那些問題呢？

最起碼，夫妻之間的意見如果無法達成一致，便無法打造出可以妥善解決孩子問題的環境基礎。

22

爸爸不允許孩子批評媽媽

家庭成員各有其特質。

不要批判缺點，

而是去評價彼此的特質，認同對方的能力，

如果不這麼做，就無法維持家庭的平衡。

父親不能允許家庭內的霸凌

妻子十九歲時來到日本，和我結婚，現在她已經能夠說相當流暢的日語。即便如此，日文畢竟不是她的母語，以前小兒子經常會對母親的用字遣詞予以糾正。

還有，看到孩子和我感情融洽地以日語聊一些比較複雜的話題時，妻子似乎會覺得自己有些跟不上。

因為有這層緣由，直到十年前為止，她只要受到一點刺激就會崩潰。這時候我會對孩子說：「你們的母親要在日本生活，有很多難處，這種時候得多讓著她一點。」、「不要跟母親這麼說話。你說這種話，你母親太可憐了。」要他們體諒身為美國人的母親。

儘管如此，孩子們還是會在我面前批評母親的不是，或是抱怨母親，視內容而定，有時候我會相當震怒。

我會告誡孩子們：「你和我說這種話有什麼用？說這也沒用，不要太苛求你們的母親，她自己創造了一個美好的世界，你們必須去看她美好的那一面。你們只看著母親不完美的地方，抱怨這抱怨那的，這是不公平的。有很多事是你們辦不到，她卻做得到的。」

從我來看，針對母親不是日本人而產生的難處去批評或抱怨，我認為算是一種家庭中的霸凌。

在我認識的一戶人家，做母親的一直都受到霸凌，孩子對待父親和母

親的態度截然不同。最柔弱的母親一直被孩子拿來出氣，處在單方面被攻擊的立場。

在他們家裡，情況或許達到了某種平衡，但是看到那種景況，我實在是非常不愉快。因為要母親退一步以保全家的平衡，這是很不合理的事。

那種情況下，有錯的人顯然是父親。因為父親和母親結婚，立場和母親是對等的，他應該說：「孩子批評母親，就等同在批評我。」絕不能允許孩子這麼做。

最近，在我家，或許是孩子和母親的關係漸漸有了好轉，我不再需要為了這種事提醒孩子。從前因為他們母親對日本入校考試的嚴苛程度理解不足，經常引發孩子們的抱怨。像這種時候，我會對孩子們這麼說：「你們的母親沒在日本的學校念過書，這也是沒辦法的事。不用期待她能理解那些事。學校的事，你們自己看著辦。」

那是因為，他們的母親就算因為欠缺對入學考試的理解而受到責難，她也莫可奈何。她不曾在日本參加過入學考試，要她去理解家中傻瓜父子對考試大驚小怪的行徑，是完全不可能的事。

因為自己沒有的東西而受人批評，被人抱怨，等同於因為身體殘疾而被攻擊。在我的價值觀裡，這是不公平的事。

挑人家的缺點，對此窮追猛打，我非常厭惡這樣的做法。因為不希望家庭成員變成這種人，我一直在維持家中的平衡。

如果對方是因為思慮不周，或是懶惰、欠缺同理心而犯錯，我會生氣，但如果是針對那個人生長過程中不曾經歷過的事、能力所不及的事而加以責難，我認為這是不對的；這是我心中堅信的信條。

什麼是「最輕鬆的教養方式」？

在日本，當母親的經常一肩挑起全家的問題，形成沉重的負擔。嚴重的時候，甚至會成為家庭暴力的受害對象，這是處於極端失衡的狀態。

如果家裡有四個人，四個成員各有其特質。隨著孩子的成長，特質也會有所改變，如果不留心評價彼此的特質，認同對方的能力，家庭便無法平衡發展。

在我家，這陣子弟弟開始比哥哥更清楚電腦的事，我在無意中經常稱讚進步顯著的老二。結果次男跑來對我說：「不要在哥哥面前提這件事。」一看樣子我對家中「平衡感」的重視，孩子們也感受到了，令我感到些許安心。

不過奇妙的是，哥哥似乎因此受到刺激，最近電腦功力突飛猛進。孩子主動抱有「我不能輸」的心態，對父母而言，是最輕鬆的教養方式。

話雖如此，我的職責本就不是要耳提面命地告訴孩子「○○是很重要的事」，而是當有人說了什麼，或是做了什麼，導致破壞家中平衡的時候，簡單地點醒他們。

這是題外話，我這個老爸也心想怎麼可以輸給孩子，在拚命努力之下，不知不覺竟寫出了《網路革命》。這本書成為暢銷書的時候，老實說，我非常高興。我之所以能領先同輩的人一步，真是多虧了我的電腦小老師——兒子們。

不過，聽說最近老二對母親說了這種話：「老爸個性很好強，所以一直很拚命。不過要跟我們比，對他而言太吃力了。電腦的世界裡，有很多事不是他這年紀的人有辦法做的，妳就看著他，不要讓他太勉強了。」

聽了他的話，妻子悄悄地對我提出忠告：「老公，你可不能把兒子的『家庭工作特權』搶走啊。看你這麼拚命，他們都有危機感了。」後來，妻子接收了兒子的舊麥金塔電腦，還找來了家教指導。現在，就連她也迷上了電腦。

23

三十幾歲是人生的轉捩點

我把自己的人生
想成是從今天開始。
今天的自己是明天的原點，
今天的生存方式，會決定你的明天。

雖然無法改變公司，但可以改變自己的家庭

三十幾歲的人應該銘記在心的是：人類可以用自己的方法，去過自己所規畫的人生。

我試著這樣過日子吧；和那個人就交往到這個程度吧；和孩子們打造這樣的關係吧——照理說，所有人應該都能自己掌握像這樣的事情，以自身的力量讓事情產生改變。

進行人生規畫的時候，不要把絕對價值放在職場上的出人頭地。為什麼？因為很難預測今後公司是否能繼續興盛下去。

就像職棒選手鈴木一朗進的是三流的公司（失禮了！），但他靠自己的活躍獲得勝利，今後個人的表現會變得非常重要。

接下來，在自己身邊最重要的事物，我想，應該還是家庭吧。

你不能靠一己之力改變公司，但如果是家庭，所有的人都可以依照自己

的理想，和家庭成員一起協力改變。

在企業社會如果想要進行重大的改革，要先找到改革的「槓桿」。這對企業來說是相當不容易的事，但是家庭只要一個人有心，可能從明天開始便能出現重大變化。先從自己能夠改變的事情著手，我想這很重要。

在家庭中如果訂立明確的目標，付出努力，當事情有了成效，會覺得只要自己有心便能改變現狀，因此產生自信。如此一來，想必能成為良性循環開始的契機。

三十幾歲的生活方式非常重要

抱著公司至上主義，認為只要能在公司做出一番成績，家庭和其他的事總會有辦法應付，但就算你很幸運在公司遇到不錯的上司，順利出人頭地，一旦家庭破滅，在六十五歲退休之後，等著你的就只有寂寥的人生。

男性的平均壽命大約是七十五歲，女性是八十二或八十三歲，我們必須思考該如何度過退休後的時間。三十歲的人還有四十到五十年可活。因為還有一倍以上的時間可活，重要的是，不要回顧以往的人生，以為將來的生活也是同樣基調的延續。

把自己的人生想成是從今天開始。今天的自己是明天的原點，今天的生存方式，會決定你的明天。

這樣的態度對三十幾歲的人特別重要。戰後改變日本的那群人，主要都是在三十幾歲的時候開始活躍，田中角榮如此，松下幸之助、本田宗一郎也是如此。四十歲以後才開始幹出震驚日本大事的人很少見。五十歲後才開啟闢地開天事業的人更是絕無僅有。

大多數的人會在三十幾歲時迎來人生的轉捩點。三十幾歲的生活方式對那些人而言非常重要。

進入網路時代後，從這幾年美國的動態可以預測，至今在三十幾歲發生的「人生轉捩點」，應該會漸漸提早到二十幾歲的時候吧。

可以預期今後社會的變動會很激烈，就連今年進入的公司，十年後是否能維持同樣的狀態、是否還在業界生存都很難說。在所有的一切都劇烈變動的世界，要承受住變動，你必須隨時客觀地審視自己，自己做出改變。

如果你期待命運會為自己解決問題，那等著你的不會是從天上掉下來的禮物，而是架上的灰塵。

要踏進這樣動蕩的社會，一個安定的平凡家庭會成為你的支柱。

這裡的平凡是正面的意思。我自認我家也是最典型、最平凡的家庭。

出社會的時候，有個平凡安定的家庭，可以讓你有能力冒險，做出非凡的事業。如果是操心事不斷的家庭，你可能就沒有在事業上拚搏的餘力。

要打造能成為自己支柱的安定家庭，不投資時間不行。花時間仔細思考，建造自己理想的家庭。這是自己的事業，是交付給自己的一個挑戰。

家庭不是完成品，從架子上拿下來就好。太太的想法和認知，一年到頭都在改變，每天都在增廣見聞；孩子們的想法也每天都在變化，所以你必須視情況做出調整，時常更新。

「反正，家庭就是這個樣子」、「男人擺擺威風是理所當然」，不要抱著這樣的刻板觀念，時時觀察，如果有必要，就得加以改善。

我給沒有孩子的人的建議

不過，雖說如此，我並不是說每個人都成家生子是理所當然的事。婚後沒生小孩的情況，兩個人要如何規畫人生？單身的情況，自己要如何規畫人生？大家必須站在各自的立場，長期思考這件事。

尤其是對那些沒有小孩的人，我建議各位最好以某種形式參與養育孩子的過程。這是出自我的經驗談，我現在五十二歲，我之所以能頻繁地與十幾歲、二十幾歲的年輕人私下交換情報，是因為我有小孩。

每個人都可以去聽演唱會，參加各種集會，但要從年輕人手中得到最新情報，如果身邊沒有年輕人，是辦不到的。

如果身邊沒有年輕人，你很難知道現在年輕人之間發生了什麼事，年輕人在讀什麼書，為什麼他們會做出那種行動等等。

換句話說，你會在對世界上發生的事有一半不知情的狀態下，在公司晉升為長輩。你的社會影響力愈來愈大，卻沒有機會接觸年輕人，我覺得這點很不利。

如果沒有小孩，領養孩子也是一個辦法，或是當寄養家庭。在美國，經常有人會領養小孩。

年老之後幫忙看顧幼兒，也是一種社會貢獻。現在要把孩子放在托兒所，得付出莫大的花費。這時你幫忙看孩子，家裡也會常有年輕世代走動，我覺得是非常好的事。

當然，所有人都能以自己的價值觀過日子，不要小孩是個人自由，決定單身也是個人自由，但無可避免的，這可能會導致和其他世代脫節的結果。這一點最好用其他的辦法來彌補。

世界正以非常快的速度在轉動。而且，年輕人還在繼續加速。如果身邊沒有那些加速的年輕人，必然會趕不上世界的腳步。

在某種意義上，沒有小孩是命運決定的，我不會說那些你沒有的東西，可能會對你造成不利，但最好還是事先想一些彌補的對策，如此一來，才能過豐富的人生，這才是我想建議各位的。

24

給尚未謀面孫兒的話

我寫作的基準是，

寫出讓未來的孫兒讀了

也不丟臉的東西。

希望能讓他們知道

「原來爺爺在想這些事啊」。

我尊敬外公的理由

最近坊間出版了很多書名有《兒子啊》、《爸爸啊》的書籍，可以說「親子論」、「父子論」的話題正熱。

不過，比起兒子，其實我更想讓尚未謀面的孫兒聽一聽自己的想法。至今我自認花了很多時間和兒子相處，現在已經沒有得鄭重其事地對他們說「兒子啊，為父有事要告訴你」的事。所以說，那類書籍暢銷，也代表現今親子關係存在著鴻溝吧。

不過，我倒是有話想和孫兒說。至今我出版了五十多本書，從執筆第一本書開始，我就經常抱著要寫給孫兒看的念頭。這是有理由的。

我曾在別的機會中寫過這件事，我的外公白石次郎畢業於大阪大學工學部，之後進入日立造船廠工作，擔任船務工程師。後來他在日立造船廠的築港工廠擔任廠長，想必是個做事能幹的人。

我那時候在大阪的針中野和外公、外婆一起住，他們非常疼愛我。後來，外公退休，移居東京，每個月參加一次俳句詩友會。

他從年輕時就很喜歡俳句，似乎有那方面的素養，退休後總算得了空閒，開始正式創作俳句。俳句這種文類，我光是要寫出符合格律的東西就得費盡千辛萬苦，但外公卻能琅琅地吟誦出詩句，提筆寫在詩箋上。看著外公寫詩的身影，我非常尊敬他。

然而，外公在年過七十之後，腦袋糊塗了。還曾經發生外公出門散步

就沒回家，全家一起出去找人的事，和外公、外婆同住的阿姨一家人也因此吃盡苦頭。不過，外公每次回家，仍是悠然地拿起筆，繼續寫俳句。

雖然大家都嘆息著說：「真頭痛啊！真頭痛啊！」但因為外公能寫出厲害的詩句，我一直認為外公是個很了不起的人。

可是，如果沒有那些俳句，或許大家對他留下的印象，就只是一個令人頭痛的老爺爺吧。

孫兒對我作品的感想，是我老後的期待

因為發生過外公的事，從我二十年前開始寫書以來，我就在想「將來孫兒出生的時候，我可能已經得了老人失智症。我想把他們祖父說過的話、想過的事寫下來，成書出版而保留下來，為那時候做準備」。

因此，當外部的人拿著已經企畫完成的書稿找上門來，要我掛名出版的

時候，我一概拒絕。現在這時代，這種有生意頭腦的人還挺多的。

不能給孫兒留下那種難以啟齒、不負責任的書，是我的鐵則——每次出書之際，我都會在心中先問自己：「這本書給孫兒看，會不會丟臉？」

倘若有幸，孫兒能在我身子還硬朗的時候讀懂我的書，我還可以直接聽他們的感想。這也是我老後最大的期待，真令人迫不及待。

不過，也可能會發生「隔代遺傳」這種事，要是出了一個像我這樣說話嚴厲的孫子，我可受不了。

為了不輸給尚未謀面的孫兒，我打算要繼續鍛練自己。

後記

長男創希與次男廣樹暢談
「父親大前研一與他的教養之道」

採訪◎山口雅之

雖然稱不上完美，但已十分盡力

大前創希◎OHMAE SOUKI

一九七四年出生，全員住校制的秀明中學、秀明高中畢業。日本大學工學部肄業，Digital Hollywood 大學畢業。

於二〇〇二年設立網路顧問公司「CREATIVEHOPE」，公司名稱係以自己的名字所命名。

許多知名企業皆為該公司客戶，目前擁有四十五名員工。

曾經在半夜，突然被父親叫醒還被修理

——對小時候的您而言，大前研一先生是一位什麼樣的父親？

創希：簡單地說，就是會讓我感到害怕的人。爸爸的書房就在我房間隔壁，經常聽見他在夜深人靜時講電話，還不時傳來怒罵的聲音。雖然與我無關，但是光聽聲音就會害怕到發抖，真的很有震撼力……。

記得剛懂事時，爸爸已經完成好幾本著作，其實當時曾認為「或許我父親是個了不起的人物」。只不過對於還是小孩的我而言，根本搞不清楚「顧問」的工作內容是什麼（笑）。所以印象最深刻的，應該是「他生氣起來是很可怕的人」吧！

——記憶中，父親曾經罵過您嗎？

創希：當然有。我記得最清楚的，是有一次深夜返家的父親把正在睡覺

的我叫醒，還突然修理我。

——怎麼會！是為了什麼原因打您呢？

創希：因為我跟媽媽吵架，還害媽媽傷心地哭了。當時我很不懂事，跟媽媽吵架，還以她是外國人為由攻擊她。自己的國籍身分成為被攻擊的理由，媽媽一時之間也無話可說。現在回想起來，爸爸因此而暴怒，也是情有可原。更何況用這種任性自私的理由傷害別人，向來就是爸爸最看不慣的事情。

同樣的道理，身而為人，卻做出照常理來說不該做的事，或是讓他人感到困擾的事，都會遭受十分嚴厲的斥責。本書提到的四個責任（家人、社會、公司、自己），爸爸確實從小就灌輸我們這個觀念。

相反的，印象中他不曾因為我的成績不好而生氣過。

——那是因為你成績很好的關係吧！

創希：才沒那回事呢！剛進高中時，我的學業成績差不多是學年的平均值。但是當時爸爸告訴我，成績達到中等程度就可以。只不過，後來他又忍不住發牢騷說：「通常聽到父母這樣說時，就會想稍微發憤圖強才對吧！」（笑）

父親不會對學校成績有太多意見，不過對於我們兄弟倆的教育，卻抱持堅定的信念。記得剛進入當地的國中時，我只上了一學期就被轉到其他學校，現在回想起來，或許可說是父親展現對教育方針的堅持。

就算小孩反對，父親還是執意進行的事情

——請具體說明實際例子。

創希：放暑假前，學校會舉辦家長、老師及學生的三方面談，通常都是

母親參加，有一回卻是父親出席。當時那間公立國中，暑假時也安排游泳或課外輔導等課程，學生幾乎每天都要到學校上課，老師才剛開始說明暑期輔導的內容時，爸爸就突然生氣了。

連暑假都要上學，就無法安排家族旅遊。每年夏季，大前家的家族旅遊是年度重要活動之一。對於平日忙於工作、無法與孩子充分溝通的父親而言，家族旅遊是加強親子關係的寶貴時光。可是學校也有學校的理由，不能為單一學生破例。於是爸爸和老師就這麼你一言我一語的吵起來，完全無視於我的存在。

到最後，雙方仍然沒有達成共識，在回家的路上，爸爸怒氣未消，認為這樣的學校教育，只會教出無用的學生。第一學期擔任班長的我，好不容易與老師建立起信任關係，在此番爭吵後，我很擔心開學後自己在學校的處境，心裡感到十分不安。結果新學期一開始，我就轉學到別的學校了，當時的擔心終究是杞人憂天吧！（笑）

——您也覺得轉學比較好嗎？

創希：我並沒有覺得好或是不好！因為爸爸決定的事是不容更改的。家族旅遊也是如此。

上了國中之後，我也會想和同學出去，或是玩玩新的電玩遊戲等等，就像一般國中生會有的預定計畫。只是向爸爸表達自己有別的計畫時，他會說：「我是世上最忙碌的人，是你們要配合我的計畫。」用這句話來結束對話（笑）。我記得很清楚，當時真的很生氣。現在回想起來，爸爸說的也沒錯啦！

因此，我不敢說當時大家都很樂意接受爸爸強勢的做法，然而事後獲得許多難得的體驗，現在則是覺得滿懷感謝。

在家裡也實行「關掉電視，用餐時間就是與家人聊天的時光」

——這個習慣似乎與「一般家庭」很不一樣呢！

創希：我從以前就發現這個習慣與其他家庭不同。說起來，我家就是典型的「吃飯不配電視」的家庭。以前到朋友家吃飯時，大部分的家庭餐桌附近就有電視，大家邊看電視邊用餐。老實說，小時候還滿羨慕他們的。

——吃飯時不看電視是什麼樣的感覺呢？

創希：這也是爸爸的家庭方針，用餐時間就是與家人聊天或討論的時光。直到現在，依舊沒有改變。就在幾天前，我和爸爸、弟弟一起到餐廳吃飯，一聊到ＩＴ相關話題，就變得十分熱絡，甚至聊到忘記時間。弟弟跟我都是ＩＴ企業的經營者，而爸爸對於ＩＴ產業的知識十分豐富，可說是達到出書的等級，聽到的人或許會愈聽愈覺得我們討論的內容程度艱澀高深，令人咋舌吧！

當然，我們還小的時候，無論是哪個領域的知識，都比不過爸爸。而他的觀點是「欠缺該領域的相關知識，並不是什麼錯誤」。就算我們尚未了解相關知識，也不是只由爸爸單方面發言，他會先向同桌用餐的我們簡要說明，再詢問我們的想法、意見。如此一來，全家人都能參與討論。

我的辯論及討論能力，可說是從我家餐桌培養出來的。在討論中說出自己的本意，不僅有助於加深與家人相互的理解，也能讓家庭關係更緊密。

現在的我已婚，是三個小孩的父親，我也決定在吃飯時關掉電視，跟家人聊天、討論。我想，日後我的孩子在成家立業時，也會持續這樣做。父親所決定的用餐型態，已成為大前家重要的規矩，今後也將永遠持續下去吧！

大學時期，您沒經過父母允許就辦理休學。您父親得知後的反應是什麼？

——本書第一版的書名是《就算父母反對，孩子也堅持要做》，想請教您，是否有曾經違反父親的意思，到最後都沒妥協的事？

創希：有啊！應該是這本書第一次出版後沒多久的事，我在大學三年級時，偷偷辦了休學手續，當時與持反對意見的爸爸吵得很兇。

爸爸總是對我們說，有想要做的事就放手去做，因此當我告訴他想休學時，原本以為他能夠理解我的想法。沒想到他卻要我先從大學畢業再說，這個答案出乎我的意料之外。

現在的我可以理解父親當時說的話，可是我當時的想法是，就算繼續留在學校念書，也完全無法想像未來的前景，還不如投身真實的社會戰場，一面工作、一面摸索自己的方向，我深深認為這是尋找生存之道的唯一方法，因此也沒有多餘心力傾聽爸爸的意見。

所以，我就瞞著父母，還拿他們的印章蓋在休學申請書上，向教授提出申請。不過校方沒那麼簡單就受理。我被叫去教授會議上說明，雖然他們試圖說服我，但是我騙教授「這是與父母商量後所做的決定」，學校才終於同意我的休學申請。

不過，一聽到申請休學手續必要的文件，是由學校寄送到家裡時，我立刻慌了手腳。因為爸爸尚未同意我休學，要是被他知道我擅自辦理休學手續，肯定大發雷霆。

說起來其實很心酸，為了不要讓家人知道，每逢郵差來的時間，我就偷偷摸摸出去收取郵件。然而天網恢恢、疏而不漏，當我心存僥倖地想，應該不會是今天收到吧，就和當時的女友出去約會。結果，休學申請文件就在那天寄到家裡，便東窗事發了。

——您父親有因此而生氣嗎？

創希：「生氣」二字已經不足以形容，當時他甚至說出不許我再踏進家門一步的狠話。

——是指斷絕親子關係嗎？

創希：過了一陣子，雙方都冷靜下來後，爸爸給我解釋這件事情的機會，我向他表達想從事網路工作的想法。

為了確認我是否真心想從事這個行業，爸爸就介紹我到某家公司工作學習，倘若我的心意堅決，那他就認同我的決定。我拚了命的工作，並透過工作上認識的朋友，進入Digital Hollywood大學，認真學習，此時他才終於理解我是認真的。

透過這件事，爸爸才明白我是先行動、後思考的類型。雖然他之前提出許多意見，但是明白孩子真心想做的事後，身為父母不惜傾力相助，這就是我父親的做事方法吧！

——順道一問，您應該有順利從Digital Hollywood大學畢業吧？

創希：是的（笑）。我畢業後，先以自由業的網頁設計師身分工作一陣子，二十八歲時設立CREATIVEHOPE公司，一直營運到現在。

「教養」與「指導部屬」的道理十分類似

——聽您這麼說，大前研一先生的教育方式有其獨到之處，對身為兒子的您而言，似乎是最理想的教育環境吧！

創希：我想，還稱不上完美。但是爸爸的考量點並不是社會常識或面子問題，而是很仔細地觀察孩子，認真思考適合的教育方法，盡力地為我們做很多事情。我自己成為父親之後，十分能夠體會他的用心。

——聽說您在此次採訪之前，重新以三個孩子的父親觀點閱讀本書，是否有新的體會？

創希：父母親不應該只會對孩子說「去做什麼」，而是站在孩子的立場，用心觀察、關心孩子「想做什麼」，我認為這是非常重要的事。

雖然父親看似強勢，實際上，當我們面對人生或是生存之道這類重要課題時，他並沒有命令我們「去做什麼」，或是強迫我們接受他的成功經驗或想法。他透過仔細觀察孩子，了解每個孩子的個性與特質後，讓我們自己思考想做的事，當他明白孩子真心想做的事，則會以最適合的方法支持我們。

雖然我也很關心小孩，不過我發現許多時候，還是難免以大人的觀點或自己的想法來要求孩子。閱讀這本書後，已經自我反省了。

從大人或父母親的觀點來看，當下認為正確的事情，二十年、三十年後是否依然正確，無從得知。或許屆時才知道當時孩子的想法是正確的，這也不是不可能的事。然而，父母卻強迫小孩要接受自己的方法論或成功經驗，這其實是不合理的。

——同樣的道理，似乎也可以套用於上司與部屬之間的關係吧！

創希：我想確實如此。這個道理也可以套用於上司與部屬之間的關係。說不定我父親是從工作中獲得教養的靈感。

「大前家的教養」是將孩子視為個體並予以尊重

——針對父親的教育方式，是否有您不想仿效的部分？請偷偷告訴我。（笑）

創希：小時候，曾經請爸爸教我解方程式的方法，結果父親劈頭就說：「你連這麼簡單的事也不會嗎？」這樣的話語，會傷到小孩的心靈呢！然後，父親就自顧自的輕鬆解開方程式，不過我是希望父親「教導」我，而不是要他幫忙「解開」。（笑）

自己能夠輕鬆達成的事情，別人不一定也做得到。這是我從爸爸的負面示範中學到的寶貴經驗，因此不管是在家庭或是公司裡，我會隨時提醒自己。爸爸似乎也注意到自己的這個缺點，印象中，好像在《大前研一敗戰記》（文藝春秋，一九九五年）中寫過類似的事情。

——最後，是否有什麼話想傳達給本書的讀者？

創希：爸爸對我們的教育方式，終究是由大前研一所思考、對於大前創希及大前廣樹最適合的養育方法，並非對所有人都一體適用。

重要的，是要先認同「小孩雖然是自己所生，但是孩子和父母是不同的個體」。同時用心觀察孩子，站在孩子的觀點與他對話，尊重每個孩子的個性與特質，思考什麼樣的做法才是對他們最好。

事實上，這就是父親對我們所做的事，我想也正是「大前家的教養」本質之所在。如果從這個觀點閱讀本書，應該有許多值得參考之處。

採訪時間：二〇一二年三月
採訪地點：東京新宿CREATIVEHOPE公司總經理室

沒有人比父親更會照顧及教導人

大前廣樹◎OHMAE HIROKI

一九七九年出生，南加州大學肄業後，
經由ＩＴ投資公司進入From Software公司工作。
負責電玩遊戲開發環境的設計、開發或中介軟體的評估、導入等工作。
二〇〇九年成立KH2O股份有限公司，
以成為次世代遊戲開發企業為目標，
同時致力於遊戲引擎「Unity」的普及推廣工作，
並且協助成立Unity公司。
目前任職於Unity Technologies Japan聯合公司。

學習到「責任」真正含意的事件

——對哥哥創希來說，大前研一似乎是位相當可怕的父親，那麼對身為弟弟的您而言，又是如何呢？

廣樹：很可怕呢。不過，記憶中，我不曾像哥哥那樣被爸爸打過。或許是因為我是第二個小孩，他也學著改變教育方式。

我想另一個主要原因，是我小的時候，大概是爸爸工作最忙碌的時期，所以沒有太多時間陪伴小孩。事實上，在我起床之前，他早就出門，每天下班回到家也已經是深夜，平日幾乎很難看到爸爸。但是我經常和媽媽聊天，我猜想與我有關的事情，他應該都是經由媽媽口中得知的。

——這麼說來，父親應該沒生過您的氣吧！

廣樹：印象中的確是如此。不過，有一次我在暴怒之下，把廚房牆壁打出一個洞，爸爸打電話對我說：「聽說你這小子破壞我的房子，理所當然要由你負責恢復原狀。」當時父親並沒有大聲斥責我，而是用淡淡的語氣說話。只不過他的聲音聽來還是令人感到不寒而慄。一來由不得我說什麼，二來破壞牆壁的人確實是我，所以就有點勉強地說了「是」，答應了父親。

用自己的零用錢支付牆壁的修繕費用，我才真正學到「要為自己所做的事情負責」的道理。經過這件事後，似乎覺得自己多少變得懂事一點了呢！

——但是氣到把牆壁弄壞，這種發洩怒氣的方式很嚇人啊！

廣樹：我記得那應該是國中時期的事。從小學到國中這段期間，我的心情一直不太穩定。因為父親是頗有名氣的人，再加上我有混血兒的外表，在學校很容易成為霸凌的對象。回到家裡又經常被哥哥欺負，媽媽也拿哥哥沒轍，在沒有人可依靠的情況下，有好長一段期間，我總是臭著一張臉。

不管是在家裡還是學校，都沒有我可棲身之處，當時還想過乾脆一死了之，甚至跑到皇居附近，蹲在千鳥之淵河畔。原本站在一旁的警察靠過來跟我聊聊，大概是看我一副想不開的樣子吧！那位警察還聽我訴苦了一會兒……這段過往心情，我應該沒對家人說過。我記得大約是小學三年級的事。

所以當初這本書剛出版時，我還在心裡暗自咒罵：「什麼教養經驗，其實根本就是說一套做一套啊！」

自己下定決心接受國中入學考試

——對於家族旅遊，您的想法是如何呢？創希表示，雖然以前會覺得配合父親的計畫很辛苦，但是現在卻很感謝父親讓他獲得很好的經驗。

廣樹：關於這一點，我的想法與他相同。長大後就知道，能夠在年幼時就體驗許多事情，真的非常好。比方說，去旅行時，爸爸會讓我們騎水上摩托車或騎馬等等，這些是當時一般人很少體驗的活動。我記得第一次騎越野機車時，應該才四歲吧！

不過，玩的時候固然很開心，但是這些樂趣卻無法與朋友共享，畢竟因為我是大前研一的兒子，才能夠有這些新奇的體驗，班上同學沒人玩過類似的活動。更何況只有我在放假期間到海外旅行，還體驗各種活動，萬一被同學知道，很快又成為霸凌的理由。換句話說，和父親外出遊玩，一旦被人知道，會使自己的生活陷入危險當中。

而且和家人出國旅遊時，大約兩週無法跟朋友出去玩；出國期間的玩伴，只有當時關係不太融洽的哥哥（笑）。這也是讓我感到憂鬱的原因。

因此，對我而言，大前家的家族旅遊，在當時絕對不是我喜歡的活動。

——你不像哥哥就讀當地的公立國中，而是選擇參加考試進入早稻田實業國中部。是否有什麼特別的理由呢？

廣樹：當時我就讀的，是把報考私立中學入學考試視為理所當然的班級。不過，我起初壓根沒考慮參加私中入學考試。然而，有個考試升學組的同學嘲笑我：「你連補習班也沒去上，一定是腦袋不靈光。」小學時，由於改完的考試卷是由大家輪流交還給同學，因此我知道那傢伙臭屁地說很簡單的試題，分數都比我低很多。被那樣的傢伙看扁了，我實在嚥不下這口氣，心想：「你這傢伙給我等著瞧吧！」，於是就開始到補習班上課。

當時我讀的那間小學，有謠言盛傳當地國中的狀況很糟，所以我不想進入那種國中。於是，我自己找了一本私立學校排行榜的書來參考，書中介紹早稻田實業的部分寫的是「由於採行完全中學制，校內學習氣氛輕鬆愉快」。這間學校離家近，考試科目也只有數學及國語兩個科目，因此想要輕鬆學習的我，就自行決定報考這間學校。

很幸運的，接受幾次模擬考之後，我知道這間學校考題的出題方向與自己拿手的領域相近，深信自己一定考得上，於是就完全以這間學校為目標，卯起來念書準備考試。從考試前就相信自己一定勝券在握。

——所以就順利錄取了。

廣樹：可是一起參加考試、而且從小學低年級起就開始上補習班的同學當中，有不少人都落榜了。很多同學都認為我一定考不上，最後我卻順利通過考試，他們這下子又有閒話：「這傢伙能考上，一定是靠他老爸的關係啦！」本來就沒什麼朋友的我，變成幾乎連一個朋友都沒有的狀態，我想這應該是我人生當中最痛苦的回憶。

父親在自己的心中應該有許多矛盾糾葛

——父親的高知名度，應該讓您感到很辛苦吧！但是很努力才考進完全中學制的早稻田實業學校，為何最後卻沒有繼續念高中呢？

廣樹：起因是國二時，終於來到我家的麥金塔LC520。我還是小學生的時候，就是個所謂的遊戲「阿宅」，從那時候起，我就拚命在筆記本寫下遊戲的設定方式或規則，而這些努力都是為了我的夢想，希望有朝一日自己也能夠創造電玩遊戲。

恰巧媽媽有位朋友在蘋果電腦上班，有一次聊到要購買新的家用電腦，我就向她表達希望可以使用這台電腦，結果這台電腦就放在我房間了。

有了新電腦後，我便把學業晾在一旁，到處搜集製作電玩遊戲的相關情報。很幸運的，學校的圖書館裡有一些相關書籍，得知C語言最適合拿來寫電玩遊戲程式，圖書館裡也有入門書籍，很快的我就埋首其中。同樣的，後來又得知如果有編譯器軟體，電腦便能執行自己寫的程式，於是就去秋葉原訪查。

結果唯一找到的軟體，價格高達五萬八千日圓，這個價格遠遠超過國中生所能支付。可是我又未到達可以打工的年紀，我想，只能靠擬定行動計畫、努力賺錢，逐漸接近目標了。雖然稍微花了點時間繞遠路，但是設立目標逐步實行，也是件很有趣的事，而且很像玩遊戲突破關卡的感覺。

結果，有一次和爸爸一起參加聚會，那天在接送的車子裡，只有我和爸爸兩個人，因為已經很久沒有跟他見面聊天，所以就提到自己現在為了買編譯器，擬定了什麼行動計畫。當時爸爸或許是發生什麼好事吧，難得心情很好，還喝了滿多酒，所以在酒精催化下，竟然當場就從錢包中掏出六萬日圓給我，要我明天就去買。

過於輕鬆就達成目標，特地擬定的行動計畫也無用武之地，雖然是有點掃興，但就理論上來說，開始努力之前就累到後繼無力，到最後也是徒勞無功。我心裡一面想著：「嗯！是很開心沒錯啦，但這樣好嗎？」結果隔天下課後就拿著剛到手的現金，立刻去秋葉原購買編譯器了。

之後，我就更加集中精神鑽研電腦。本來參加羽球社，後來也不去了，每天專心研究寫程式。然而畢竟還是國中生，馬上就遇到困難。不過就算是遇到困難，我也不放棄，不僅打電話去軟體公司詢問，還到神保町的書店翻閱專業書籍，試圖以自己的力量找出答案。

只是當時Mac的開發環境，對於初學者而言，就算是大人也是難度很高的事，沒多久就遇到瓶頸。後來爸爸幫我找到一位「程式設計的老師」，才開始跟著老師學習。

逐漸能夠寫出自己想要的程式後，我又發現，若是沒有認真學習英文，恐怕無法達到目標，成為自己理想中的程式設計師。不管怎麼努力，相關的知識或手冊全都是英文原文，而翻譯本的品質並不好，能以日語閱讀的資訊都比國外晚了好幾年。那些內容對當時的自己來說，也有相當的難度，如果繼續接受日本的英語教育，不知要等到何時才能夠閱讀理解。因此，國中還沒畢業，我自己就決定要去美國了。沒記錯的話，這應該是國中三年級、大約十月份左右的事。

——當時沒有先跟父母親商量過嗎？

廣樹：連想都沒想過。因為我覺得自己的人生，就是要自己決定。

——果真是大前家的次男。當時您父親的反應是如何呢？

廣樹：他的反應是「這樣啊！那得去找學校才行」，大概是這樣吧。

——「你這小子，給我好好想清楚再說！」或是「至少把高中念完再去比較好吧！」您父親沒對你說過這類的話嗎？

廣樹：完全沒有。以前也是這樣，爸爸從來沒有反對過我決定的事情，所以這次我完全不認為他會制止或是反對。

——看來您父親對於小孩的決定給予絕對的信任呢！

廣樹：或許在爸爸的心中，也曾出現過疑慮。只是從以前開始，他就不是那種讓孩子走在預先架設好的軌道上的人，而是當孩子決定自己的方向後，持續朝那個方向鋪設軌道，因為船到橋頭自然直，不是嗎？

當小孩做出重大決定時，父親都能敏銳察覺

——接下來您如願進入美國的高中，畢業後又進入南加州大學繼續深造？

廣樹：高中時期，不管在學校或是生活上，都相當辛苦，感覺上是勉強撐到畢業的。不過，當初我並沒有考慮繼續念大學。高中畢業時，雖然自知技術能力還不足，但我認為，為了了解自己的不足、必須學習什麼樣的技術，唯有實際去工作，才能夠心領神會。而且我自負地認為，自己應該具備工作所需的技能。

然而，當時雙親卻相當堅持，無論如何都要我繼續念大學，拗不過他們的我，只好選擇進入大學。我還記得當時心裡覺得，什麼嘛，爸爸在書中寫

的如此冠冕堂皇，最終還是希望孩子要取得大學學歷嗎？所以有點失望。但根據事後的了解，媽媽才是堅持要我上大學的人。

雖然大學裡也有不少有趣的課程，卻讓我的疑問愈來愈多。我能夠理解父母希望我大學畢業的想法。只是夾在自己的想法與父母的期望之中，當兩者的拉鋸愈來愈嚴重時，最後終究超過了我能承受的範圍。

大學三年級時，我甚至出現了身心失衡的症狀。別說是念書，連日常生活也受到影響。迫不得已，只好打電話跟父母說，自己已經撐不住了。結果爸爸以淡定的口吻回答我：「喔，這樣啊！」電話裡的聲音傳達出我已經被逼到絕境的訊息，到了這種地步，爸爸也只好任由我自己決定了吧！

離開大學，回到日本後沒多久，父親依舊以淡定的口吻說：「回來後，理所當然是開始工作吧！」雖然我當下回答：「那是當然的啊！」但與此同時，實際上我卻想著：「該怎麼辦呢……」

正當我還在思索時，在爸爸公司負責ＩＴ領域的員工問我：「聽說你有空閒？因為我這邊要開始新公司的業務，你要不要過來幫忙？」詢問過後，得知工作內容頗具挑戰性，我便連聲答應。接下來，就正式展開我的職業生涯了。

就算孩子不是順著自己的心意選擇未來的道路，當孩子決定方向、並且開始行動時，父親總會敏銳地察覺到。一般而言，當孩子表達決定或傳達想法時，很容易被父母親忽視。但是，十分忙碌的爸爸卻能夠敏銳察覺到我的決定或想法。他並不會從頭到尾全力協助，而是仔細地觀察，當察覺到我無法獨自完成的時候，才不著痕跡地從旁協助。將來當我建立自己的家庭時，這是我一定要仿效的地方。

從不放棄他人，保持嚴厲態度的力量十分驚人

——創希表示在指導部屬時，也參考您父親的教育方式。關於這點，想請教

您的想法？

廣樹：真要說的話，不就是對員工生氣嗎？人在生氣時，一來會覺得累，二來會被對方討厭。換句話說，生氣需要耗費相當的能量，以及承受發怒所帶來的後果，想要使用這個方法就必須有所覺悟。老實說，這個方法不是我拿手的範圍。因此我覺得可以泰然做到這件事的父親，真的很了不起。尤其是在我經歷組織管理職務之後，更是深刻體會。

──那些在麥肯錫任職時，被大前研一先生罵得很慘的人，現在依然十分敬重他，聽說還是會來找他商量事情？

廣樹：我想這是因為爸爸並不是只有對他們生氣而已，他會確實地提供協助。比方說，面對很糟的企劃專案時，絕不會以「這不是我的責任」為藉口來逃避，他會親自執行計畫，直到收尾的階段。這也是我先前所說的意思，爸爸真的很會照顧及教導人喔！

——真的很難想像，所以對於你剛才的說明感覺很新鮮。（笑）

廣樹：不只是對自己重要的人，就算不是自己的部屬，爸爸也會對他們生氣呢！不管是餐廳的服務人員或是空服人員，只要做錯事，他都會當場指正。我還小的時候，真的很討厭爸爸這樣，因為感覺很丟臉。不過後來從父親的著作中得知，他認為，「生氣與否，與對方是誰無關，之所以動怒，是因為不容許放過錯誤，使他們改正是自己的社會責任，而且才是身為長者應有的關懷。」這段話讓我十分感動。

——所以您也閱讀父親的著作？

廣樹：是的，我從小就經常閱讀他的著作。而且大部分的書都是我自己買的喔！（笑）我跟哥哥不同，沒有和父親一起工作的經驗，所以我想透過爸爸的著作，理解他的想法。

說到父親的著作，正因為他很擅長照顧及教導別人，才會持續寫作。當發現「再這樣下去，這個國家會完蛋」時，只要棄之不顧，自己逃避不就得了嗎？然而就是因為爸爸很會照顧他人，所以他不會放棄這個國家，而是喋喋不休、更加嚴厲地提出建言。

有母親才有「大前家的教養之道」

——您將來也想成為像大前研一先生那樣的父親嗎？

廣樹：我想應該不會吧！透過「大前家的教養之道」所學到的事，是「身為一個人，重要的是要負起責任、自己思考」，如果只是單純仿效父親的做法，那就白費爸爸的一番苦心。或者應該說，接受父親悉心教育的我，要自己思考並且架構起自己能夠做到的方法。

——最後，是否有什麼話想告訴本書的讀者？

廣樹：先前我提過，起初看到這本書時，曾經很生氣地認為「父親做的事和書裡說的不一樣嘛！」之所以會這樣想，或許是因為自己當時還太年輕。「大前家的教養之道」算是大器晚成型的教養方式，也就是當孩子成年進入社會後，才能深刻體會到，有很多事得「感謝」父母的用心。

其實爸爸能夠充分掌握孩子的需求，提供成長所需的協助，換句話說，父母親的責任正是如此，我認為爸媽忠實地盡到了他們的責任。

但是，這不是單靠父親一人的力量就能達到。總是忙於工作的父親，能夠做到這個程度，平日陪伴我、細心照料我的母親也功不可沒。因此我認為這本書的作者只出現父親的名字，有點不公平，這是我最後想說的。（笑）

採訪時間：二〇一二年四月

採訪地點：位於東京麴町的自宅

親子生活 BGF035A

教出孩子的生存力
大前研一給父母的 24 個教養忠告
「一生食べていける力」がつく
大前家の子育て

國家圖書館出版品預行編目(CIP)資料

教出孩子的生存力：大前研一給父母的24個教養忠告 / 大前研一著；張富玲・駱香雅譯. -- 第一版. -- 臺北市：遠見天下文化, 2013.07
面； 公分. -- (親子生活；GF035)
譯自：大前家の子育て：「一生食べていける力」がつく
ISBN 978-986-320-220-2(平裝)
1.親職教育 2.親子關係

528.2　　102011538

作者 — 大前研一
譯者 — 張富玲（前言～第 24 章）、駱香雅（後記）
封面照片提供 — 永井浩（ながいひろし）

總編輯 — 吳佩穎
責任編輯 — 李宜芬、潘慧嫺
內頁插畫 — AA
美術設計 — 江孟達工作室
封面設計 — 江孟達工作室

出版者 — 遠見天下文化出版股份有限公司
創辦人 — 高希均、王力行
遠見・天下文化・事業群 董事長 — 高希均
事業群發行人 ／ CEO — 王力行
天下文化社長 — 林天來
天下文化總經理 — 林芳燕
國際事務開發部兼版權中心總監 — 潘欣
法律顧問 — 理律法律事務所陳長文律師
著作權顧問 — 魏啟翔律師
地址 — 台北市 104 松江路 93 巷 1 號 2 樓

讀者服務專線 — 02-2662-0012 ｜ 傳真 — 02-2662-0007, 02-2662-0009
電子郵件信箱 — cwpc@cwgv.com.tw
直接郵撥帳號 — 1326703-6 號　遠見天下文化出版股份有限公司

電腦排版 — 立全電腦印前排版有限公司
製版廠 — 東豪印刷事業有限公司
印刷廠 — 祥峰印刷事業有限公司
裝訂廠 — 聿成裝訂股份有限公司
登記證 — 局版台業字第 2517 號
總經銷 — 大和書報圖書股份有限公司　電話／ (02)8990-2588
出版日期 — 2020/10/25 第二版第 2 次印行

定價 — NT$380
4713510946558
書號 — BGF035A
天下文化官網 — bookzone.cwgv.com.tw

天下文化

BELIEVE IN READING